조선통신사
사행록에 나타난
경북

『영천과 조선통신사 자료총서』제5권은 문화체육관광부와 영천시가 도내 최초로 주최한 "2015 대한민국 문화의 달" 행사의 성공적인 개최를 기념하여 2018년 경상북도와 영천시의 지원으로 발간합니다.

영천과 조선통신사 자료총서 ⑤

조선통신사 사행록에 나타난 경북

허경진 엮음

보고사
BOGOSA

    임난 이후 평화사절단으로 일본에 파견했던 조선후기 통신사는 1811년 12차 통신사를 마지막으로 끊어졌지만, 성신외교(誠信外交)의 정신은 아직도 살아 있어서 조선통신사가 다양한 형태로 이어지고 있다.

    「21세기 조선통신사 옛길 서울 – 동경 한·일 우정 WALK(걷기)」 행사가 한일 두 나라 민간단체의 노력으로 격년제로 지속되는데, 2015년 3월 31일 서울 라마다호텔에서 열리는 발대식에 강연하러 갔다가 깜짝 놀랐다. 주최측에서 내게 부탁한 강연 제목이 「한일 우정의 상징 조선통신사」였는데, 대부분 머리가 히끗한 걷기 행사 참여자들과 예술단이 백여 명 섞여서 앉아 있는 모습 자체가 「21세기 한일 우정의 상징 조선통신사」였기 때문이다. 52일 동안 통신사의 길을 따라 걸으면서 한일 두 나라의 여러 도시를 방문하여 세미나, 유적지 견학, 한·일 친선 교류행사를 한다는 설명을 들으면서, 내가 따라가지 못하는 것이 아쉬웠다.

    2015년은 한일 수교 50주년 되는 해여서 한일 교류 행사가 많았는데, 9월에는 한일 두 나라 대학생들이 조선통신사의 길을 따라 걷는 행사 발대식을 연세대학교로 초청하여 강연하였다. 일본의 NPO(특정 비영리활동단체)법인 "한중일에서 세계로(日中韓 から世界へ)"라는 단체가 일본 외무성이 추진하는 "JENESYS 2.0"이라는 국가사업의 일환으로 일본 대학생

한일 우정 걷기 행사의 강연

의 방한연수단과 한국 대학생의 방일연수단을 구성하여, "21세기 유스
조선통신사 – 평화로 가는 길"이라는 테마로 조선통신사의 역사 유적
지, 유물들을 보고 배우며 서로 이해하고 우정을 돈독히 하였다.

　한일 두 나라에 흩어져 있던 조선통신사 관련 기록이 두 나라 민간단체
들의 노력으로 2017년 세계기록유산에 등재되었으니, 이제 남은 일은
통신사의 정신을 오늘에 살리는 것이다. 통신사가 서울에서 부산까지
걸어가던 길을 따라가보는 것도 좋은 방법인데, 이 책은 우선 경북 지방의
통신사 길을 소개하였다. 정사와 부사, 종사관이 왕에게 숙배하고 남대문
을 나온 뒤에는 남관왕묘에서 편한 옷으로 갈아입고 개인 사정에 따라
흩어져 내려오다가 영천에서 모두 모였다. 전별연과 마상재 시연을 하면
서 본격적인 통신사행을 시작하기 때문이다.

　이 책은 시민들이 들고 다니기 위해 만든 가이드북이 아니라, 자료집이

한일 우정 걷기 행사 발대식의 예술단 공연

다. 이 자료집을 바탕으로 하여 『조선통신사의 길 – 경북편』이라는 가이
드북을 만들어, 경북 도민들, 나아가서는 한일 두나라의 국민들이 문경
새재부터 경주까지 개인 일정에 따라 걸어보게 도와드리는 것이 최종
목표이다. 이 길은 조선통신사의 길이자, 한일 우정의 길이다.

　중간 지점인 영천에서는 마상재와 전별연 행사가 해마다 몇 차례씩
시연되는데, 일정에 맞추지 못하는 분들을 위해서「조선통신사 디지털
전시관」을 만들면 언제라도 영천에서 디지털 조선통신사를 체험할 수
있다. 영천을 조선통신사의 중간 캠프로 조성하는 것이 이 자료집의 마
지막 꿈이다.

　본문에서는 12차에 걸친 통신사행에서 다양한 신분의 사행원들이 경
북 지역에서 어떤 체험을 했는지 보여주기 위해 가능하면 많은 사행록
을 소개하였고, 해제에서는 그들의 신분을 밝혔다. 사행록마다 본문 첫

장의 사진을 소개하였는데, 대부분 유일본이다. 이본이 많은 경우에는 사진 아래에 소장처를 밝혔다.

　경북의 첫 걸음인 문경새재의 사진들은 문경새재박물관에서 제공받았으며, 오랫 동안 경북 통신사의 길 스토리텔링을 연구한 김정식 대마문화콘텐츠연구소 소장이 답사하며 찍은 사진들을 제공하였다. 나의 지도교수인 연민 이가원 선생이 소장했던 『일동장유가』를 본격적으로 소개한 것도 뜻깊은 일이다.

　조선후기 통신사의 영천 전별연은 경상도의 아홉 고을 수령들과 기생, 악공들이 함께 참여했는데, 2014년 시연 때에도 경북 아홉 지방자치단체의 예술단이 협찬하는 모습을 보았다. 앞으로도 영천의 조선통신사 행사에 경북의 모든 지역들이 참여하여 즐거운 축제가 되기를 기대한다.

2018년 4월

허경진

〈통신사가 거쳐 간 고을들의 지도〉

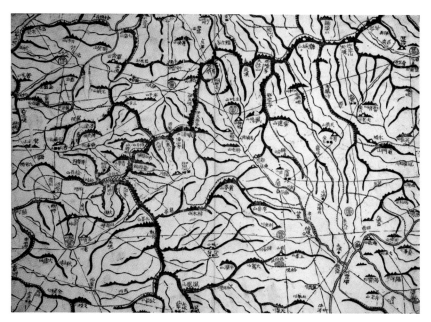

대동여지도에 주흘산으로 둘려진 문경에서 신원(새원) – 견탄(개여울) – 유곡역을
거쳐 용궁현으로 들어가는 길이 그려져 있다.

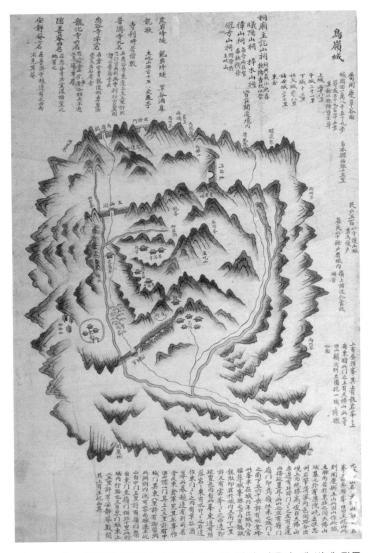

해동지도에 조령성을 별도로 제작했는데, 두 번째 관문과 세 번째 관문
사이에 교귀정이 그려져 있다.

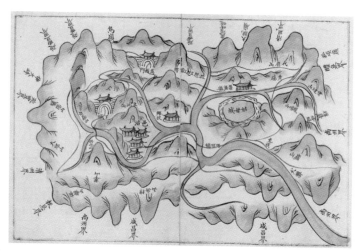

경상도읍지 문경지도에 새재[鳥嶺]를 넘어 관문을 지나가는 길이 그려져 있다.

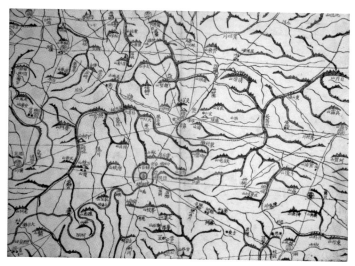

대동여지도에 예천에서 풍산, 안동으로 가는 길이 그려져 있고,
옆에는 지대를 맡은 고을들이 표기되어 있다.

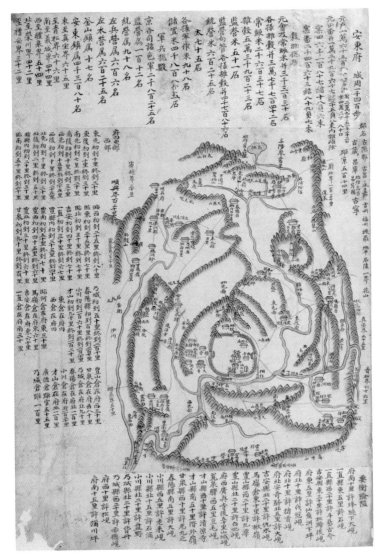

해동지도 안동부에 예천에서 안동으로 들어왔다가
의성으로 내려가는 길이 그려져 있다.

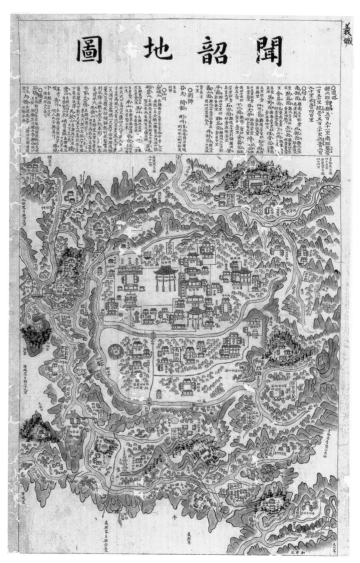

1872년 지방지도에 의성지도를 「문소지도」라고 표기하고, 통신사행이
늘 올라갔던 문소루를 한가운데 크게 그렸다.

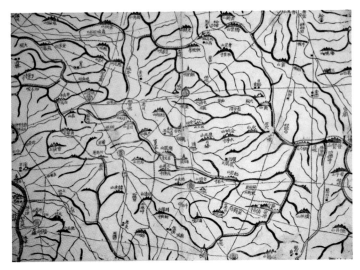

대동여지도에 의성에서 청로, 의흥을 거쳐 신녕으로 이어지는 길이
보인다. 청로 못 미쳐에 소문국 옛터가 표기되어 있다.

경상도읍지 의흥지도에 의성에서 의흥 관아를 거쳐 신녕으로 넘어가는
길이 표시되어 있다.

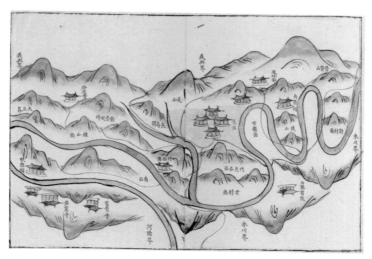

경상도읍지 신녕지도에 의흥에서 장수역과 신녕 관아를 거쳐 영천으로
내려가는 길이 표시되어 있다.

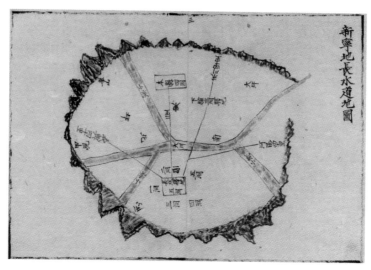

신녕 장수도지도

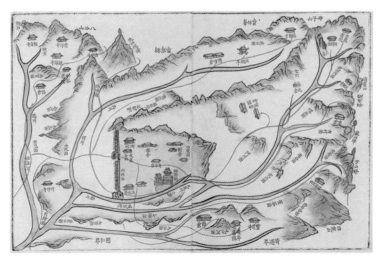

영천지도. 신녕에서 영천읍성 서문으로 들어오면 남천 가에 조양각이 있다.

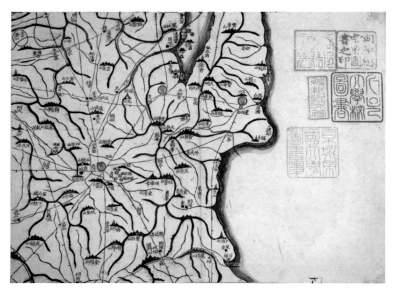

아화, 모량, 경주를 거쳐 구어참으로 가는 길이 잘 그려져 있는 대동여지도 경주

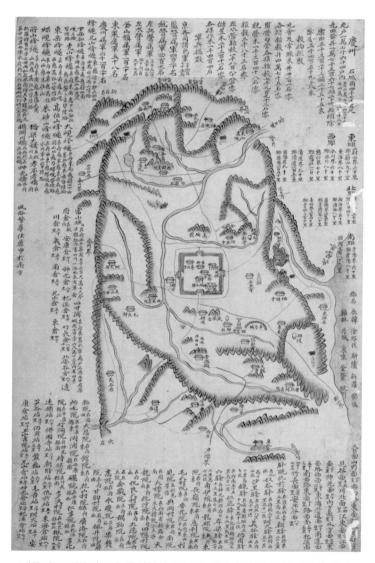

해동지도 경주지도에 통신사가 둘러본 여러 유적들이 표기되어 있다

차 례

문경-새재

의성·군위

영천

해제

문경 – 새재

영남대로의 3개 간선로 가운데 통신사는 조령길, 즉 가운데 길을 주로 이용하였다. 하행로도 문경 새재를 거치지만, 상행로도 청도-선산/상주-함창을 거쳐 다시 문경 새재길로 들어섰다.

새재의 주소는 경북 문경시 문경읍 상초리 288-1인데, 새도 날아서 넘기 힘든 고개, 억새풀이 우거진 고개, 죽령과 계립령 사이의 고개, 새로 된 고개 등의 뜻으로 새재라는 이름이 지어졌다. 새재길은 영남대로에서 유일하게 남아 있는 옛길이다.

제1관문 주흘관

제2관문 조곡관

새재길에 들어서서 문경 방향으로 가노라면 조곡관(鳥谷關, 제2관문)에 이어 교귀정에서 잠깐 쉬었다가 주흘관(主屹關, 제1관문)에 이른다. 임진 왜란 이후 세워진 세 개의 관문은 사적 제147호로 지정되었는데, 영남 제1관문인 주흘관에서 제3관문인 조령관까지는 약 6.5km 거리이다.

한양에서 부산에 이르는 새재 옛길은 영남의 인재들이 한양으로 과거를 보러 다니던 길인데, 죽령길이나 추풍령길보다 선호되었다. 대나무처럼 죽죽 미끄러지거나 추풍낙엽처럼 떨어지지 말고 경사스러운 소식만 듣고자(聞慶)하는 심정에서 이 길을 다녔다는 전설도 있다.

문경새재도립공원 안에 있는 교귀정(交龜亭)은 조선시대 신구 경상감사가 교대식을 했던 장소다. 1470년 경에 문경현감 신승명이 건립하고 김종직이 교귀정이라 이름을 붙여 사용하여 오다가 1896년 의병전쟁 때 화재로 소실되어 터만 남아 있던 것을 1999년에 복원하였다. 해마다 문경문화제 때 경상감사 교인식 재현행사를 이곳에서 거행하고 있다.

교귀정에서 재현되는 경상감사 교인식.
문경시청 사진

제3관문 조령관

문경의 주산이 주흘산인데 선비의 유건을 닮았다 하여 문경을 관현이
라고도 부르고, 문경의 객사를 관산지관(冠山之館)이라 하였다. 객사 관산
지관(冠山之館)은 1949년에 설립한 문경서중학교 교정에 있다. 정면 5칸,
측면 2칸의 팔작지붕 건물이 남아 있는데, 사행은 여기서 충청도에서
함께 왔던 사람들과 말들을 돌려보낸다.

주흘산. 이상 문경새재박물관 사진

　새재 다음에 들리는 유곡역은 현재 점촌북초등학교가 있는 문경시 유
곡 불정로 154, 유곡동(앗골) 일원에 있었다. 점촌북초등학교 교문의 축
대 아래로 비석 20여기가 세워져 있는데, 이 가운데 일부가 유곡역 찰방
의 공덕비이다.

유곡역 선정비

송회경 『노송당 일본행록』 1420년

○ 문경관(聞慶館)에 유숙하면서 일본 사승(使僧) 료게이(亮倪)의
영류운(詠柳韻)을 차운하여 짓다. 2수

들으니 패릉엔 버들가지 하늘거려	聞道灞陵弄嫩枝
해마다 이별하는 사람 슬프게 한다네.	年年離別使人悲
지금은 문희[1]의 봄 정자 아래에	況今聞喜春亭下
하늘하늘 긴 가지가 실처럼 드리웠구나.	裊裊長條絲樣垂

고향에서 평소 양류지(楊柳枝)를 들을 적에	鄉國平時聽柳枝
까닭 없이 슬퍼지는 마음을 참기 어려웠지.	無端難禁此情悲
버들아 네 어찌 나그네에게 보이려고	如何待到征夫看
푸른 잎 펴지 않고 황금실부터 늘어뜨리나.	綠葉未開金縷垂

---

1) (원주) 문희(聞喜)는 문경(聞慶)의 별호이다.

○ 유곡역(幽谷驛)[2]에서 상산(商山)[3]을 향하며

새벽에 문경관 떠나	曉離聞慶館
말 달려 상주성으로 향하네.	馳馬尙州城
산 지나니 여염집 촘촘해지고	山盡閭閻密
하늘 열려 길도 평탄하구나.	天開道路平
못의 고기는 얼음 등지고 뛰며	池魚負氷躍
들새는 봄이 즐겁다 우네.	野鳥弄春鳴
뉘 알랴 총총히 가는 이 마음	誰識悤悤意
임금 은혜 펼쳐서 성명 보답하려 함을.	宣恩報聖明

송희경이 머문 상주 객사 상산관. 후기에는 별로 머물지 않았다.

---

2) (원주) 유곡역은 문경 땅에 있다.
3) (원주) 상산은 상주(尙州)의 별호이다.

김성일 『해사록(海槎錄)』 1590년

○ 새재[鳥嶺]를 넘으면서

어릴 때부터 이 고개 넘어 다녔기에　　　　　　　　結髮長從嶺路行
눈앞에 보이는 풍경마다 정이 들었네　　　　　　　眼中雲物亦關情
이번에 또 부상(扶桑)을 향해 가니　　　　　　　　此來又向扶桑去
머리 돌려 서울을 바라보는 마음 견딜 수 없구나. 回首那堪望玉京

○ 문경(聞慶)으로 가는 도중에

고개 북쪽에는 추위가 아직 세찬데　　　　嶺北寒猶緊
산 남쪽에는 꽃이 벌써 피었네.　　　　　山南花已明
하늘 끝이라 풍토와 기후가 다르거니와　　天涯風氣別
계절 바뀌어 나그네 마음 놀랐네.　　　　時序客心驚
고향에는 봄이 한창이겠지　　　　　　　故里春應遍
돌아가는 길이라 흥이 절로 나네.　　　　歸途興自生
은근히 바람신에게 부탁하노니　　　　　丁寧報風伯
가지에 가득한 꽃송이를 시샘하지 마소.　莫妬滿枝英

1차 경섬 『해사록(海槎錄)』 1607년

정월 20일

아침에 수회촌을 떠나 새재[鳥嶺]를 넘어 용추(龍湫)에서 잠깐 쉬었다가 문경현(聞慶縣)으로 달려 들어가니, 해가 아직 저물지 않았다. 가랑비가 살짝 뿌렸다. 일행의 군관(軍官)·역관(譯官)들을 모아 술자리를 베풀었는데, 김효순(金孝舜)이 큰 사발로 연달아 열댓 잔이나 마셨다. 비변사 차관(備邊司差官)이 송운(松雲) 스님이 일본 스님에게 보내는 편지와 예물을 가지고 나중에 도착하였다. 이어서 본가의 평안하다는 편지를 받아 보았다.

(송운 스님의 편지는 다음과 같다.)

겐키쓰(元佶) 장로(長老)에게 보냄 : 일찍이 노형과 더불어 서래곡(西來曲) 한 곡조를 부르던 때가 어제 같은데, 춘추(春秋)가 두 번 바뀌었으니, 무정한 세월이 들 불과 번개 그림자 같아 길이 탄식할 뿐입니다. 어찌하리까? 멀리서 생각건대 노형은 무위진인(無位眞人)의 면목 위에서 능히 큰 광명을 발하여 모든 섬의 생령을 도탈(度脫)하였을 것이니, 훌륭하고도 훌륭합니다. 전번에 내가 선사(先師, 서산대사)의 유체(遺諦)로써 남쪽으로 쓰시마(對馬島)에 가서 노닐 적에 귀국까지 가서 원광(圓光) 노형과 서소(西笑)장로·오산(五山)의 여러 스님들을 만나보게 되었는데, 임제(臨濟)의 광풍(狂風)을 성대히 논하여 종지(宗旨)를 별도로 밝힌 것이 또한 많지 않았습니까?

나의 본원(本願)은 다만 우리 백성들을 다 데려옴으로써 선사의 '생령

(生靈)을 보제(普濟)하라.'는 유결(遺訣)에 부응하려는 것이었는데, 그 소원을 이루지 못하고 빈손으로 돌아오게 되어 서운함을 이길 수 없었습니다.

나는 귀국한 뒤부터 노병이 이미 깊어져, 그 길로 묘향산(妙香山)에 들어가 스스로를 지키며 죽기를 기다리고 있던 중이었는데, 마침 사신이 간다는 말을 듣고 즉시 한훤(寒暄; 추운 것과 더운 것. 문안 인사) 두 글자를 가지고 멀리 노형의 조용한 봄잠을 깨웁니다. 바라건대 형께서 나의 본 뜻을 어기지 말고 마땅히 도생원(度生願; 중생을 제도하겠다는 소원)으로써 대장군에게 고하여 생령을 모두 돌려 보내어 주시어, 옛날의 맹세를 저버리지 않으신다면 매우 다행이겠습니다. 변변치 못한 물품은 모두 웃고 받아 주시기 바랍니다. 이만 줄입니다.

운손(雲孫; 문종이의 별칭) 한 권, 청향(淸香) 네 봉지, 진홀(眞笏) 여섯 묶음, 약삼(藥蔘) 한 근, 붓 스무 자루.

겐소(玄蘇)에게 보냄: 작별한 것이 어제 같은데, 해가 두 번이나 바뀌었습니다. 그러나 서로 그리워하는 일념은 잠시도 잊은 적이 없습니다. '온갖 풀 위에 조사(祖師, 달마대사)의 뜻이 있다'는 말로써 스스로 위로하고 있을 뿐이니, 나머지야 어찌 말할 게 있겠습니까? 고덕(古德)은 망주정(望州亭)에서 만나보고, 오석령(烏石嶺)에서도 서로 보았습니다. 도안(道眼)으로 본다면, 장로의 눈으로 송운이 보고 송운의 눈으로 장로가 본다 하겠으니, 어찌 달리 생각하겠습니까?

나는 서쪽으로 돌아와 쇠병(衰病)이 찾아들어 서쪽에 있는 묘향산으로 들어갔으며, 그대로 죽기를 기다리고 있었습니다. 마침 사신이 간다는 말을 듣고 서로 그리는 문자를 보내서 노형의 안부를 만 분의 일이라도 물으려는 것입니다. 전번에 내가 선사의 유결(遺訣)에 따라 남방을 돌아다니다가, 귀도(貴島)에까지 가서 형과 야나가와와 더불어 일본에 가서 원광 장로·오산의 여러 스님을 만나 종지(宗旨)를 성대히 논하고, 또 소종래를 밝혔으니, 좋기는 좋으나 본원(本願)을 이루지 못하고 돌아왔으므로 서운함을 이길 수 없었습니다. 바라건대, 형께서 다시 힘을 다해 지난번의 언약대로 생령들을 모두 돌려보내 주신다면 매우 다행이겠습니다. 변변찮은 물품은 모두 웃으며 받아주시기 바랍니다. 이만 줄입니다.

21일

경차관(京差官)이 하직하고 돌아갔다. 아침 식사를 든 뒤에 떠나 견탄(犬灘, 개여울)에서 점심 식사를 하였다. 수찬(修撰) 조즙(趙濈)·좌랑 민척(閔滌)·함창현감 홍사고(洪師古)·주부(主簿) 이신록(李申祿)·영주군수 이순민(李舜民)·함양군수 윤인(尹訒)·산음현감 권순(權淳)·상주목사 이수록(李綏祿) 등이 크게 모여 술자리를 베풀어 대접하였다.

오후에 상사와 종사관은 왼쪽 길을 따라 용궁(龍宮)으로 향하고, 나는 홀로 오른쪽 길을 따라 함창으로 향하여, 영천군에서 모이기로 약속하였으니, 상주에 계신 장모님을 뵙기 위해서이다. 천리 길을 같이 가다가 하루저녁에 길을 나누니, 갈라질 적의 서운함이 멀리 이별하는 것 같았다.

저녁에 함창현에 도착하니, 현감은 심종(沈悰)이었다. 합천군수 여대로(呂大老)도 또한 지대관(支待官)4)으로 함창에 도착했다.

---

4) 지대관(支待官) : 지방에 출장 나간 관원(官員)에게 필요한 음식물·일용품 등을 지방 관아에서 공급하는 일을 지대(支待) 또는 지응(支應)이라고 하는데, 지대를 맡은 관원이 지대관이다. 조선시대의 역(驛)은 주요 도로에 30리마다 설치되어 지방이나 외국으로 파견된 관리가 도착하면 그들에 대한 접대가 이루어졌다. 통신사의 한양-동래간 사행 노정은 매차마다 상이하나『증정교린지(增正交隣志)』노문식(路文式)에서는 하행로를 양재(良才)-판교(板橋)-용인(龍仁)-양지(陽智)-죽산(竹山)-무극

7월 12일(귀로)

아침에 상주를 떠나 함창현(咸昌縣)에서 점심을 먹고 유곡역(幽谷驛)에서 잠시 쉬었다. 저녁에 문경현에 도착하였다. 병정관(並定官) 예천군수 김도원(金道源)·신임 상주목사 김이경(金而敬) 등과 모여 술자리를 벌였다가 밤이 되어 파하였다.

13일

아침에 문경현을 떠났다. 새재를 넘어 안보역(安保驛)에 도착하였다. 괴산군수 윤삼빙(尹三聘)이 출참(出站)하지 않았다. 연원찰방 기경중(奇敬中)이 마실 물만 바쳤고, 원역(員役) 이하가 다 먹지도 못하였다. 더구나 잿길이 높고 험하여 사람과 말이 모두 피로하여 열 걸음 가는데 아홉 번이나 쓰러지며 가까스로 도착하였다. 저녁에 충주에 도착하니, 신임 목사 홍사효(洪思斅)가 아직 부임하지 않아서 단양군수 안희(安熹)가 겸관(兼官)의 임무를 띠고 왔다. 그 아들 안필득(安必得)을 쇄환해왔다는 소식을 듣고는 기쁨을 이기지 못하였다.

(無極)-숭선(崇善)-충주(忠州)-안보(安保)-문경(聞慶)-유곡(幽谷)-용궁(龍宮)-예천(醴川)-풍산(豊山)-안동(安東)-일직(日直)-의성(義城)-의흥(義興)-신녕(新寧)-영천(永川)-모량(毛良)-경주(慶州)-구어(仇漁)-울산(蔚山)-용당(龍堂)-동래(東萊)라고 기재하였다. 통신사행이 역에 도착하면 그 역의 인근 고을의 수령들이 동원되어 접대하였다. 한 예로 경주의 경우, 경상도(慶尙道)에 속하여 경주부(慶州府), 청하현(淸河縣), 영덕현(盈德縣), 경산현(慶山縣), 흥해군(興海郡) 등에서 물자와 인력이 동원되었는데, 그 외에도 부사(府使)가 통신사를 위해 전별연(餞別宴)을 베풀었다.

1차 장희춘『해동기』1607년

정월 20일

수교(水橋)에서 이른 아침에 출발하였다. 하늘 높이 솟은 새재[鳥嶺]를 넘었는데, 관문으로 향하는 길이 위태롭고 험하였다. 용추(龍湫)에 이르자 폭포 소리가 천둥소리 같았고, 흐르는 못은 깊이를 알 수 없었다. 봉우리 두 개가 마주보고 있는데 암석이 기괴하였다. 참관(站官) 양사행(梁思行)이 술과 과일을 대접하였다. 삼사(三使)가 물가에 둘러앉아 바둑을 두었는데, 완연한 모습이 그림 속에 있는 것 같았다. 날이 저물어 문경현(聞慶縣)에 도착했는데 십여 가구만 쓸쓸하게 남아 있어, 전란 중 병화(兵火)로 인한 피해를 볼 수 있었다.

○ 비변사(備邊司)가 급히 보낸 차관(差官)이 와서 송운(松雲)5)이 보내는

---

5) 송운(松雲) : 조선중기의 고승·승병장. 본관은 풍천(豊川). 법명은 유정(惟政, 1544~1610), 속명은 임응규(任應奎), 자는 이환(離幻), 호는 사명당(四溟堂) 혹은 송운(松雲)·송운대사(松雲大師), 별호는 종봉(鍾峰). 7세 전후에『사략(史略)』을 배웠고, 13세 때 황여헌에게『맹자』를 배웠다. 일찍 부모를 여의고 김천 직지사(直指寺)로 출가하여 신묵(信默)의 제자가 되었다. 3년 뒤 승과(僧科)에 합격하였다. 그 뒤 직지사의 주지를 지냈고, 묘향산 보현사(普賢寺)의 휴정(休靜)을 찾아가서 도를 닦았다. 1592년 임진왜란 때에 유점사(楡岾寺) 인근 아홉 고을의 백성들을 구하였다. 이때 조정의 근왕문(勤王文)과 스승 휴정의 격문을 받고 승병을 모아 순안으로 가서 휴정과 합류하였다. 그곳에서 의승도대장(義僧都大將)이 되어 승병 2,000명을 이끌고 평양성과 중화(中和) 사이의 길을 차단하여 평양성 탈환의 전초 역할을 담당하였다. 1593년 1월 평양성 탈환의 혈전에 참가하여 혁혁한 전공을 세웠고, 그 해 3월 한양 근교의 삼각산 노원평(蘆原坪) 및 우관동 전투에서도 크게 전공을 세우자, 선조가 선교양종판사(禪敎兩宗判事)를 제수하였다. 그 뒤에도 전후 네 차례에 걸쳐 적진으로 들어가 가토 기요마사(加藤淸正)와 회담을 가졌다. 선조는 그의 공로를 인정하여

서찰 및 물건을 전하였다. 밤에 나와 영숙(永叔), 명숙(明叔)이 함께 잤다. 정사(正使)가 신충선(愼忠善)을 보내서 숙소가 편안한지 안부를 물었다.

ㅇ 이날 저녁 삼사가 한자리에 모여, 종행(從行) 중에 술을 잘 마시는 사람을 불러 큰 잔으로 마시게 했다. 첨지(僉知) 김효순(金孝舜)이 13잔이나 마셨다.

ㅇ 정경염(鄭景恬)6)이 새재[鳥嶺]를 넘으며 용추(龍湫)를 보고 지은 시 두 수에 화운하였다.

채찍 휘둘러 산마루에 오르려 하니	一鞭催拂上層巓
낭떠러지 벼랑 앞에 말이 머뭇거리네	斷麓懸崖馬不前
손을 들어 구름 끝의 해를 잡으려다가	擧手欲攀雲際日
머리 돌려 고개 끝 하늘을 만질 듯하네	回頭如撫嶺邊天
유유한 모습은 난새 탄 나그네요	飄飄正以驂鸞客
아득한 모습은 학을 탄 신선 같구나	杳杳還同駕鶴仙

가선대부 동지중추부사(嘉善大夫同知中樞府事)의 벼슬을 내렸다. 1604년 선조의 명에 따라 일본으로 건너가 도쿠가와 이에야스(德川家康)와 강화를 맺고, 조선인 포로 3,500명을 인솔, 1605년 4월에 귀국하였다. 그 뒤 병을 얻어 해인사에서 요양하다가 1610년 8월 26일에 설법하고 결가부좌한 채 입적하였다. 저서로는 『사명당대사집』 7권과 『분충서난록(奮忠紓難錄)』 1권이 있다. -『조선후기 대일외교 용어사전』
6) 정운(鄭澐) : 조선중기의 무관. 경염(景恬)은 그의 자. 현감(縣監)·무신 겸 선전관(武臣兼宣傳官)을 지냈다. 1607년 정사 여우길 부사 경섬·종사관 정호관 등 삼사신이 양국의 우호를 다지고 임진왜란과 정유재란 때 잡혀간 피로인(被虜人)을 데려오기 위해 회답겸쇄환사(回答兼刷還使)로 일본을 방문하였을 때, 정대남·신충선·한응룡·최애립 등과 함께 제일선(第一船) 정사 여우길의 군관으로 일본에 다녀왔다. 글에 능하고 계려(計慮)가 있다고 하였다. -『조선후기 대일외교 용어사전』

북두성에 기댄 천제의 궁궐 바라보니 　　　　　却望帝闔依斗立
먼 길 떠날 시름이 이제 밀려오네 　　　　　遠遊愁緒此時牽

하늘을 흔드는 우레 같은 폭포소리 　　　　　掀天驚瀑響如雷
흘러내린 맑은 연못이 거울처럼 펼쳐졌네 　　　流下澄淵鏡面開
운우의 신비스런 자취 어느 곳에 숨어 있나 　　雲雨神蹤何處蟄
아름다운 풍경에 빼어난 시가 지어졌네 　　　風烟傑句此時裁
수레를 잠시 멈추어 암굴을 엿보다가 　　　　暫留車馬窺巖窟
술잔을 편히 들고 바위에 앉았네 　　　　　便把杯觴坐石甍
때 묻은 갓끈을 씻노라니 그윽한 흥취 일어 　濯盡塵纓幽興發
인간 세상의 일념이 절로 재가 되는구나 　　人間一念自成灰

21일

새벽에 문경현을 출발하여 호계(虎溪) 역참(驛站)에 도착했다.

2차 박재『동사일기』1617년

6월 5일

묘시(卯時) 초엽에 (충주에서) 종사관이 먼저 출발하였는데, 일찍 움직여 더위를 피하려 한 것이다. 상사가 문을 나서 5리 쯤 갔을 때 나도 이어서 출발했다. 문엽(文燁)[7]이 작별인사를 하니 서글픈 마음을 이루 말할 수 없었다. 사시(巳時)에 운무가 모두 걷히고 찔 듯이 더워졌다. 30여 리를 가서 안보역(安保驛)에서 점심을 먹었다. 상사의 지대(支待)는 괴산군수가 맡았다. 정언(正言) 윤성임(尹聖任)이 와서 만났다. 부사의 지대는 청산현 감 강우문(姜遇文)이 맡았다. 지나는 길의 수석(水石)이 맑고 기이하여 자못 더위가 가시는 느낌이 있었다.

고개를 지나 용추(龍湫)에서 쉬었다. 안보에서 여기까지는 35리이고, 충원에서 용추까지는 80리이다. 상사의 지대는 상주목사 정호선(丁好善)이, 부사의 지대는 금산군수 유중룡(柳仲龍)이 맡았다. 상하의 지대가 몹시 훌륭했다. 상사 일행의 인마차사원(人馬差使員) 유곡찰방(幽谷察訪) 김녕(金寧), 부사 일행의 인마차사원 창락찰방(昌樂察訪) 정등(鄭騰), 인마도차사원(人馬都差使員) 안기찰방(安奇察訪) 이승형(李承馨) 등이 모두 여기에 와서 공홍도(公洪道)의 인마(人馬)와 교대했다. 찰방은 안보(安保)에서 뒤처졌었다.

저녁에 문경(聞慶)에 도착했다. 상사 일행의 지대는 본현 현감 심종직

---

7) 문엽(文燁) : 박재의 맏아들인데, 1619년 9월 11일 사헌부 감찰(정6품)에 임명되었다.

(沈宗直)이 맡았고, 부사 일행의 지대는 함창현감 김선징(金善徵)이 맡았다. 함창 이안(里安)에 사는 김취공(金就恭)의 아들 덕기(德起), 예천 유천(柳川)에 사는 장언방(張彦邦)의 아들 대인(大仁), 안동 풍산(豊山)에 사는 이섬(李暹)이 와서 만났다. 용추에서 50리이다.

6일

아침부터 비가 내림. 종사관이 또 먼저 출발했다. 진시(辰時)에 도롱이를 입고 길을 가는데 비바람이 그치지 않아 옷이 온통 젖었다. 견탄(犬灘, 개여울)에서 점심을 먹었다. 문경에서 여기까지 40리이며, 전부터 출참(出站)[8]했던 곳이다. 상사의 지대는 선산부사 유시회(柳時會)가, 부사의 지대는 개령현감 민여침(閔汝沉)이 맡았다. 비를 맞으며 용궁(龍宮)으로 가는데 길에 고인 물이 무릎까지 찼고 미끄럽기가 기름 같아서 하인들이 계속 넘어졌다.

---

8) 출참(出站) : 사신이나 감사(監司)를 영접하고 전곡, 역마 등을 대어 주기 위해 숙역(宿驛) 부근의 역에서 역원(驛員)을 내던 일을 말한다.

3차 강홍중 『동사록』 1624년

8월 28일

날이 밝자 길을 떠나 안부역(安富驛)을 지나 새재[鳥嶺]를 넘어 용추(龍湫)에서 점심을 먹었다. 금산군수 홍서룡(洪瑞龍)·문경현감 조홍서(趙弘瑞)가 지대차 나왔다. 김천찰방 신관일(申寬一), 안기찰방 김시추(金是樞), 창락찰방 이경후(李慶厚)는 모두 부마 차사원(夫馬差使員)으로 왔다가 상사종사와 한자리에 모여 산수를 마음껏 구경하고 잠깐 술을 나눈 다음 파하였다.

저녁에 문경현에 이르러 관사(官舍)에 사관을 정하였다. 상주목사 이호신(李好信)과 함창현감 이응명(李應明)이 지대차 왔고, 유곡찰방 신이우(申易于)가 보러 왔으며, 신석무(申錫茂)·신석필(申錫弼)·이돈선(李惇善)·채경종(蔡慶宗)·강이생(姜已生)이 보러 왔고, 산양(山陽)의 수장노(守庄奴; 농장 지키는 종)와 함창(咸昌)의 묘지기 등이 뵈러 왔다.

충청도(忠淸道)의 인마(人馬)는 이곳에서 교체되어 돌아갔다.

4차 김세렴 『해사록(海槎錄)』 1636년

8월 21일

(충주에서) 닭이 울 무렵에 안보를 향하여 출발하였다. 문의현감이 도
차사원(都差使員)으로서 연풍현감 이구(李玖)를 따라 나와서 기다렸다. 식
후에 고개를 넘으니, 유곡(幽谷)의 인마(人馬)가 이미 용추(龍湫)에서 기다
리고, 고개머리에 닿은 자들도 많았다. 용추에 이르니 함창현감 권적이
와서 기다렸다. 연원(連原)의 역졸이 난리를 피워 함창현감이 묶어 놓았는
데, 상사가 체모를 잃었다고 말하며 종리(從吏)를 안동(安東)에 옮겨 가두
게 하였다. 연원찰방이 돌아갔다. 김천찰방 김식(金湜)이 부마도차사원(夫
馬都差使員)으로서 선산(善山)에 이르니 선산부사 맹세형(孟世衡)이 지응
관(支膺官)으로 왔다.

영일(靈一) 스님이 가은(加恩)에서 보러 와서 함께 잤다. 영일은 곧 혜기
(惠琦)의 사형(師兄)인데, 일찍이 송운(松雲)을 따라 일본에 갔던 자다.
전일에 따라갔던 일을 차례차례 말하는데, 들을 만하였다. 감사(監司) 최
현(崔晛)이 선산에서 글을 보내고 인하여 송별하는 시(詩)를 부쳤다.

4차 김세렴 『사상록』 1636년

○ 새재[鳥嶺]

중천에 비낀 새재 돌사다리 길고도 길어	鳥嶺橫天石磴脩
백 번 꺾여 돌고 도니 시름 다시 더해지네.	盤回百折更添愁
높은 누에 홀로 서니 천 봉우리에 동이 트고	高軒獨立千峯曉
절정에서 내리보니 만 리가 가을일세.	絶頂平看萬里秋
하늘 밖에 붉은 기운 바다 해 떠오르니	天外紫光騰海日
구름 사이 날이 개어 봉래산이 나타나네.	雲間霽色出蓬丘
시 삼백편 외면 사신 자격 있다 하니	古稱三百能專對
높은 데 올라서 「원유부」 지을 게 있나.	不必登高賦遠遊

6차 조형 『부상일기(扶桑日記)』 1655년

4월 26일

아침 일찍 안보를 출발하여 곧바로 연풍현(延豊縣)과 용추(龍湫)의 경계 지역에 도착하였다. 부사(副使)[9], 청주 수령 심문백(沈文伯), 청풍 수령 김건중(金建中), 괴산 수령 이도기(李道基), 연원찰방 윤의지(尹誼之)와 함께 가서 폭포를 보면서 작은 술자리를 잠깐 벌였다. 이어 새재를 넘어서 용추에서 말을 갈아탔다. 저녁에 문경에 도착하여 숙박하였다. 상주목사 임서(林瑞)가 참에 나왔다.

---

9) 부사(副使) : 이때의 부사는 유창(俞瑒 : 1614~1692)으로, 자는 백규(伯圭), 호는 추담(楸潭)·운계(雲溪), 본관은 창원(昌原)이다. 예조참의, 개성부유수 등을 역임하였다. 1650년 증광문과에 을과로 급제, 1653년 세자시강원설서를 거쳐 이듬해에 지평(持平)이 되었다. 1655년에 조형·남용익 등과 함께 일본에 다녀왔다. 저서로는 『추담집』이 있다.

6차 이동로 『일본기행』 1655년

4월 24일

식사를 한 후에 출발하였다. 종사또는 동문 밖으로 나가 승지 박장원 (朴長遠)을 찾아가 만났다. 안보역(安保驛)에서 점심을 먹었다. 청풍군수 김진표(金震標)가 나와 대접하였다. 길을 떠나 새재[鳥嶺] 아래에 이르렀 는데, 김진표가 술을 가지고 쫓아와 종사또와 함께 시냇가에서 이야기 를 나누면서 자주(煮酒)10) 한 통을 다 비웠다. 한낮에 헤어져서 고개 길 을 넘어갈 때 심회는 더해가고 집안 소식은 막연하여 들을 길도 없어 슬프고 그리운 나머지 나도 모르게 눈물이 흘러내렸다.

길을 떠나 용추(龍湫)에 이르렀다가 유곡역에서 말을 갈아탔다. 저녁 에 문경현(聞慶縣)에 이르렀다. 현감 창수(昌壽), 지응관인 상주목사 임 서(林瑞), 유곡찰방 이각(李殼), 창락찰방 도아무개(都○), 김천찰방 이극 태(李克泰)가 대문까지 와서 맞이했다. 모두 종사관과 방백을 입견하였 다. 남비장(南裨將)이 종사또를 문안하였다.

---

10) 자주(煮酒) : 여러 가지 약재와 꿀을 넣고 다려서 만든 술. 약주의 일종이다.

7차 홍우재 『동사록』 1682년

5월 13일

충원에서 출발하여 아침에 새재[鳥嶺]로 향했다. 재의 꼭대기에 이르러 말을 바꾸어 타고 멀리 있는 용추(龍湫)를 보았다.

낮에 문경(聞慶)에 이르러 머물렀는데 부사의 행차가 뒤따라 왔다. 본현(本縣)과 상주에서 지대했는데, 상주의 접대가 매우 박하였다. 계축년(1673)의 접위(接慰) 때에 말을 관장했던 유곡역(幽曲驛)의 역리(驛吏) 강위발(姜渭發)이 와서 뵈었다.

7차 김지남『동사일록』1682년

5월 13일

아침밥을 먹은 뒤에 (안보에서) 먼저 떠나 용추(龍湫)에 이르러 말을 바꿔 타고 문경에 도착하여 잤다. 이날 40리를 갔다.

14일

가뭄으로 더위가 몹시 심하다. 이른 새벽에 떠나서 견탄(犬灘, 개여울)에서 아침밥을 먹고, 용궁에 도착해서 잤다. 이날 70리를 갔다.

8차 임수간 『동사일기』 1711년

5월 21일

아침에 주인 조유수(趙裕壽)와 수옥정(漱玉亭)을 지나다가 폭포를 보았는데, 깎은 듯한 석벽이 3면에 둘렸고 고목과 푸른 덩굴이 울창하게 뒤얽혔다. 공중에 달리 폭포는 어림잡아 열맷 길이 넘는데, 물보라와 튀는 물방울을 바라보니 마치 눈과 서리 같다. 절구질하듯 석항(石缸, 돌로 둘러 싸여 항아리처럼 된 웅덩이)에 쏟아져 내려 그대로 조그만 못을 이루었다. 못가에는 판판하고 널찍한 너럭바위가 있어 먹줄을 치고 깎은 듯한 체대(砌臺, 무대) 같으니, 그 위에 백여 명이 앉을 만하였다. 바로 곁에 조그마한 정자가 있으니 바로 조유수가 세운 것이다.

그 너럭바위 위에서 의관을 벗고 상쾌한 공기를 쏘이면서 한두 잔씩 마시고 일어났다. 새재(鳥嶺)를 넘으면서 용추(龍湫)를 엿보고, 삼관(三關)을 지나면서 높이 올라 관망하니 관방(關防)의 형승이 백이험(百二險)에 못지않았다. 저녁에 문경에서 잤다.

22일

아침에 문경(聞慶)을 떠나 유곡(幽谷)에서 점심을 먹었다. 금산(金山) 김중우(金重禹)가 나와 기다리다가 보러 왔다.

8차 김현문 『동사록』 1711년

5월 20일

새벽에 떠나 안부역에 도착하였는데, 괴산·연풍·보은·단양·영춘·회인 등의 고을에서 지대하였다. 점심을 먹은 뒤 가는 길에 수옥정(漱玉亭)에 들렀는데, 비가 내린 뒤라 폭포가 대단하여 날아가는 물방울이 난간 위에까지 올라와 사람의 정신을 상쾌하게 하였다. 사면이 푸른 벽이고 푸른 언덕이 둘러싸고 있으니, 인간 세상의 시끄러움이 전혀 없는 곳을 밟는 것 같았다. 한낮인데도 매우 시원하니, 이는 참으로 인간 세상에서 보기 어려운 경계이다. 음촌석을 시켜 절벽에 올라, 정사 이하 수행하는 군관과 원역(員役)의 이름을 바위 위에 쓰게 하였다.[11]

새재에 올라 고개 위에서 말을 갈아타고, 저녁에 문경현에 이르러 머물러 잤다. 본현과 선산에서 지대하였다. 이날은 80리를 갔다.

호서(湖西) 영리(營吏)가 돌아간다 고하고, 영남 영리 김유장(金有章) 등 3명이 와서 수행하였다.

---

11) 여기까지는 충청북도 괴산을 지나는 길이지만, 통신사 일행이 길을 가다가 바위에 이름을 새겼다는 기록이 흥미로워 소개한다.

9차 홍치중『해사일록』1719년

4월 17일. 문경(聞慶)에 도착

비를 무릅쓰고 일찍이 출발하였다. 새재[鳥嶺]을 넘어가는데, 깊은 곳은 진흙탕이라 빠지고 높은 곳은 돌부리들이 켜켜이 쌓여 있어서, 사람과 말이 다 피곤해졌다. 울퉁불퉁 험한 고갯길을 넘는데 앞뒤를 지나가 보지만 얼마를 왔는지조차 알 수도 없었으니, 여정의 고생스러움이 오늘보다 심한 적은 없었다. 잠시 고개 마루에서 쉬면서 말을 갈아탔다.

저녁에 문경에서 잤다. 고을 현감 유선(柳絟)과 장수찰방 이세주(李世胄)가 차원(差員)으로 같이 왔기에 만나보았다.

이날은 50리를 갔다.

문경 객사 관산지관

9차 신유한 『해유록』 1719년

4월 17일

비를 맞으면서 새재에 오르는데 잿길이 진흙이어서 말발굽이 빠지므로 가기가 매우 힘들었다. 고개 위에 초사(草舍)를 설치하여 일행이 말을 갈아타는 처소로 하였다. 나는 곧 김천(金泉)의 역마(驛馬)를 타고 가 저녁에 문경에서 잤다.

18일

이른 아침에 먼저 달려 유곡역(幽谷驛)에 도착하니, 선산부사 송요경(宋堯卿)이 지대(支待)하기 위하여 왔다. 본래 나와 친분이 있었으므로 만나자, 매우 반기며 수고한다고 위로하였다. 첨지(僉知) 조귀한(趙龜漢)도 와서 기다리다가 작별 인사를 하였다. 밥 먹은 뒤에 사신의 행차가 장차 용궁(龍宮)으로 출발하는데, 좌도(左道) 여러 고을을 경유하여 가면 열흘만에 부산에 도착한다.

나는 집이 고령(高靈)이기에 지름길로 가서 근친(覲親)하고 바로 부산의 바람 기다리는 곳으로 가겠다고 이미 청하였기 때문에 여기서부터 길이 나뉘었다. 함창(咸昌)에서 점심을 먹고, 저녁에 상주(尙州) 연당(蓮堂)에서 잤다.

10차 홍경해 『수사일록』 1747년

12월 초4일

문경(聞慶)에서 머물렀다. 40리를 갔다. (새재에 올라 교귀정(交龜亭)[12]에
앉아 내려다보니 참으로 하늘이 만들어낸 험한 지형이었다.)

통신사가 머문 교귀정. 문경시청 사진

---

12) 교귀정 : 경북 문경시 새재에 있는 정자로, 경상감사의 교인처(交印處)이다. 1479년
   (성종 10) 건립되어 사용하다가 1896년 화재로 소실되었는데 1999년 복원하였다.

11차 조엄 『해사일기』 1763년

8월 9일

새재[鳥嶺]를 넘어 문경에 이르렀다. 고갯길이 질어 거의 사람의 무릎이 빠지기에, 간신히 고개를 넘어 문경에 도착했다. 거듭 고갯길을 넘어 (내가 예전에 다스리던) 영남 백성들을 다시 대하고 보니, 세 해 만의 물색(物色)이 눈에 어렴풋한데, 다만 한 가지 혜택도 도민에게 미치지 못한 것이 부끄럽다.

세 사신이 동헌에 모여 활 쏘는 것을 보며 이야기하는데, 본관(本官) 송준명(宋準明)·상주목사 김성휴(金聖休)·김천찰방 이종영(李宗榮)·유곡 찰방 최창국(崔昌國)·안기찰방 김제공(金濟恭)이 보러 왔다. 감영(監營)의 교리(校吏)가 도선생(道先生)으로서 예(例)에 따라 보러 왔다. 새재에서 시두 수를 지었다. 이날은 50리를 갔다.

10일

유곡역(幽谷驛)에 닿았다. 일찍 출발하여 10리를 갔는데, 앞내에 물이 넘치므로 세 사신이 일제히 조련장(操練場)에 모여 잠시 물이 얕아지기를 기다렸다가 건넜다. 신원참에 들어가 말에게 죽을 먹이고, 술탄(戌灘, 개여울)에 이르니, 물살이 거센데다가 길고 넓었다. 본 고을 원이 냇물 건너는 역군을 많이 준비해 놓지 못했기에, 일행의 인마(人馬)가 간신히 건너다가 더러 넘어지는 자도 있고, 더러는 떠내려가는 자도 있었다. 나는 먼저 건너가 언덕 위에 쉬면서 다 건너기를 기다리고 있었으나,

해가 이미 어두워져서 어떻게 할 수 없기에, 건너지 못한 사람은 신원참으로 되돌아가 묵게 하고 이미 건넌 사람만 거느리고 유곡역에 당도하니, 밤이 3경이나 되었다.

예전에 들으니, 통신사 행차가 각 고을에서 폐단을 짓는 일이 많아 난리를 치른 것 같다고 한다. 이는 비록 데리고 가는 사람이 매우 많고 멀리가는 원역을 후하게 대접하려 함으로 인한 것이나, 반드시 폐해를 끼치는 사단이 없지 않았기 때문이다. 그래서 이번 사행에서는, 지공(支供)하는 범절을 전에 비하여 줄였을 뿐만 아니라, 원역이 개인적으로 데리고 가는 사람 또한 이미 금하였었다. 또 각 고을에서 배정한 역졸(驛卒)이나 역마(驛馬) 등의 일까지도 일체 간략하게 할 것을 먼저 지휘하였다. 그러고도 오히려 각 고을이 전처럼 시끄러울까 염려하여 강을 건넌 이후부터는 각 고을에서 잘못 대접한 일이나 실수들을 일체 버려두고 문책하지 않기로 하였다.

첫 참인 양재(良才)에서부터 새재를 넘어오기까지 일행의 소속은 매양 단속하면서도, 각 고을의 거행에 대해서는 일찍이 탈잡아 매를 때린 일이 없었다. 그러나 술탄(戌灘, 개여울)을 건널 때는 인마(人馬)가 거의 다칠 뻔하고, 기강이 너무 해괴하기에 마지못해 그 고을 좌수(座首) 및 색리(色吏)를 잡아다가 엄하게 형벌하고, 수령에 대한 논죄(論罪)는 아직 보류해 두었다.

선산부사 김치공(金致恭)·함창현감 신택녕(辛宅寧)이 보러 왔다. 상주(尙州)에 사는 일가 조운만(趙雲萬)은 풍양조씨(豐壤趙氏)들의 종손인데, 진사 천경(天經) 및 일가 5~6인과 함께 별장(別章)을 지어 가지고 보러왔다. 창성(昌城) 원 심기(沈錡)가 보러 왔는데, 이 사람은 내가 경상 감영에 있을 때 중군(中軍)이었다가 내가 체임하여 돌아갈 때에 선산(善山)에 떨어져 머물면서 다시 서울에 가서 벼슬을 구하지 않았으니, 이 또한 어려운 일이다. 이날은 30리를 갔다.

11차 남옥『일관기』1763년

8월 9일

비가 그치지 않아 진흙이 깊고 물이 불어서 도롱이를 입고 험한 곳을 지나갔다. 가마를 타고 크고 작은 새재를 넘어서 제1관에 이르러, 문경에서 보낸 가마로 갈아 탔다. 잠시 교귀정(交龜亭)에 앉아서 용추(龍湫)를 굽어보니 물이 더욱 거세게 콸콸 쏟아져, 사람 말소리를 분간할 수가 없었다.

김천(金泉) 말로 바꿔 타고 정오에 문경현에 도착하니, 그제서야 비가 그쳤다. 상주에서 지공했으며, 유곡찰방 최창국(崔昌國)이 와서 만났다.

문경현의 진산(鎭山)인 주흘산(主屹山)의 봉우리 정상이 창백하니 완연히 설악(雪嶽)의 모습이라 갑작스레 즐겁고 기뻐졌다. 이날은 50리를 갔다.

10일

비온 뒤에 물의 기세가 대단히 거세져, 비홍정(飛鴻亭) 앞에 이르러 냇물을 건널 수가 없었다. 일행은 훈련당(訓鍊堂)에 머물면서 물 높이가 조금 수그러들기를 기다렸다. 물을 건너려는 사람들이 제법 모이자, 정오에 비로소 가마를 떠메고 건넜다. 신원점(新院店)에 도착해 말을 쉬게 하면서 물을 재보았다.

해 저물 무렵에 구탄(狗灘, 개여울)에 이르렀다. 물이 허리 겨드랑이까지 차 오르고 여기저기 바위가 삐죽삐죽 솟아서 여울의 기세가 사납고 급했다. 간신히 가마를 떠들고서 건널 수 있었다.

처음에는 유곡(幽谷)에서 점심을 먹고 용궁에서 묵기로 했었는데, 물을 건너는 백성들이 매우 적은데다 해도 금세 저물어, 유곡의 역마을에 투숙했다. 일행이 밤까지 계속해서 도착했는데, 건너지 못한 자가 아직 도 열서너 명이나 되었다. 이날은 40리를 갔다.

유곡역 사적비

11차 원중거『승사록』1763년

8월 10일

유곡(幽谷)에서 묵었다. (40리)

아침에 가마를 타고 출발하여 교장천(敎場川)을 건너는데, 물이 사람을 빠뜨리는 형세였다. 사람과 짐이 시끄럽게 다투어 건너 반나절이 지나서야 다 건널 수 있었다. 신원점(新院店)에 잠시 머물다가 점의 남쪽 구탄(狗灘, 개여울)으로 옮겨 갔다. 남쪽과 북쪽 골짜기의 물이 모두 모여 물살이 소용돌이를 치며 빨리 흐르니, 예부터 물살을 무릅쓰고 건넌 사람들이 많이 빠졌다고 한다.

오후에 시냇가에 나가 앉았는데, 물이 이미 어깨까지 넘치며 빠르게 흘렀으나 시내를 건네주는 군졸들은 50명이 되지 않았다. 어려운 흐름 속에서 다투어 건너다보니 날은 이미 저녁이 되어가고 있는지라 위태롭게 여기지 않는 사람이 없었다. 상상(上相)은 마침내 쌍가마를 어깨에 멘 사람들에 의해 먼저 건넜는데, 그 뒤로는 서쪽 언덕에 앉아 있었다. 본읍에 음식과 숙소로 폐를 끼칠까 염려한 때문이었다.

각 사행원의 하인들이 동쪽에서 서쪽에서 쓰러지고 부딪치며 채찍을 끌고 떠들썩하게 소리치며 시내를 건네주는 군사들을 다투어 불렀다. 시내를 건네주는 군사들은 빙빙 돌며 여러 번 건너 종일토록 밥도 먹지 못해 추위에 떨어 넓적다리가 부들부들 떨리며 몸이 오그라들어 끌고 건널 힘이 없어져, 사람은 넘어지고 말은 떠다니며 여러 번 위급하여 가슴을 졸이는 일을 겪었다. 그럼에도 불구하고 끝내 사람 한 명 말 한

마리도 죽지 않았으니, 참으로 왕령(王靈)이 돌봐주신 덕분이다.

나는 가장 마지막에 건널 수 있었으니, 군졸 다섯 명과 역졸이 견여(肩輿)로 건네주었다. 복마(卜馬)는 신원점으로 돌아가게 하였다. 말을 달려 유곡역에 이르니 밤은 이미 이경이나 되었다. 고을 원도 부방(副房, 부사 일행)을 지공하러 와 있었다.

우리 종형제가 해를 넘기도록 산 넘어 멀리 떨어져 있다가 이제 만나서 베개를 나란히 하고 눕게 되었으니 긴 밤의 기쁨을 알 수 있을 것이다.

이경이 다할 무렵에 사행이 순서대로 들어왔는데, 밤이 반쯤 지나자 흥복(興福)이와 봉이(奉伊)도 짐 실은 말을 보호하며 유곡역 본주참에 들어왔다.

함창(咸昌)에서 부방(副房) 지공을 하러 왔는데, 창졸간에 힘껏 모아 자상하게 접대했으니 다행이었다. (함창현감 신택녕 공은 나에게 고종사촌이고, 고모부 동지공(同知公)께서 그때 관아에 계셨다.)

11차 성대중 『일본록』 1763년

8월 9일

비를 무릅쓰고 새재를 넘어 문경에서 묵었다. 상주에서 지공하였다.
이날 40리를 갔다.

10일

감여울[枾灘]을 건너는데 물이 불어 어깨까지 빠지는 바람에 겨우 건
넜다. 점심은 신원(新院)에서 먹고, 유곡(幽谷)에서 묵었다. 이날은 40리
를 갔는데, 밤이 되도록 갔다. 선산(善山)에서 와서 지공하였다.

일본 필담집에 실려 있는 성대중 초상

11차 김인겸 『일동장유가』 1763년

8월 9일

날 새며 먼저 나서 남여(藍輿)로 조령(鳥嶺) 올라

주흘관(主屹關) 들이달아 영남(嶺南) 말 갈아타니,

우세(雨勢)도 장할시고 의복(衣服) 안마(鞍馬) 다 젖는다.

석로(石路)는 참암(嶄巖)하고 황도(荒道)는 창일(漲溢)한데,

교구정(交龜亭) 올라앉아 좌우를 둘러보니,

만목(萬木)은 참천(參天)하고 천봉(千峰)이 묶였으니,

일부당관 만부막개(一夫當關萬夫莫開) 검각(劍閣)을 부뤄하랴.

슬프다 순변사(巡邊使)[13]가 지략도 있건마는,

여기를 못 지키어 도이(島夷)를 넘게 한고.

이 막비(莫非) 하늘이라 천고(千古)의 한이로다.

용추(龍湫)를 굽어보니 우후(雨後)의 성난 폭포

벽력(霹靂)이 진동하고 백설이 잦았어라.

귀 눈이 먹먹하고 심신이 늠름하다.

글 하나 지어 쓰고 남여에 고쳐 올라,

동화원(桐華院) 잠깐 올라 문경을 돌아들어

---

13) 순변사(巡邊使) : 1592년 임진왜란이 일어나자 조정에서 4월 17일에 북방 육진을
방어한 신립(申砬, 1546~1592)을 삼도순변사에 제수하였다. 김여물 등이 지형이
험한 새재에 잠복하여 전투하자고 주장했지만, 신립이 탄금대에서 배수진을 치고
싸우다가 참패 당하였다.

하처(下處)에 말 내리니 상주(尙州) 관속(官屬) 현신(現身)한다.
본관은 지친(至親)이라 잠깐 보고 도로 나와,
석반(夕飯) 후 취침하고 …

8월 10일

이튿날 일어나니
밤새도록 대우(大雨) 와서 평륙(平陸)이 성강(成江)이라.
장대(將臺)에 올라 보니 다투어 건너려고,
계수(溪水)가 창일(漲溢)하고 월천군(越川軍) 바히 적다.
삼행차(三行次) 함께 오니 소솔(所率)도 장할시고.
다투어 건너려고 현박(舷舶)이 낭자(狼藉)하다.
나하고 유 영장(營將)이 한 남여에 겨우 건너,
새원 주막 점심하고 후영(後營)이 바삐 오니,
유명한 개여울이 바다가 되었구나.
급하고 깊고 머니 제를 어찌 건너가랴.
각방(各房) 복태(卜馱)들이 언덕에 메였구나.
다행히 내 복마(卜馬)는 무사히 먼저 갔네.
역졸(驛卒) 나장(羅將) 호령하여 실한 남여 얻어 타니,
군대는 겁을 내어 붙들고 말리는고.
수십 명 건장한 놈 좌우로 부축하여,
시험하여 건너오니 위태도 위태할싸.
흉흉한 성난 물결 어깨 위에 넘는구나.
저편에 내려앉아 지나온 데 돌아보니,
망령되고 오활(迂闊)하니 후회가 그지없다.

오십 리 유곡역(幽谷驛)에 날이 벌써 어두웠다.

지공관(支供官) 선산부사 접대도 거룩할싸.

경상도 넘으면서 전처럼 장하더니,

차담(茶啖)과 조석상(朝夕床)이 일로(一路)에 제일일다.

예천

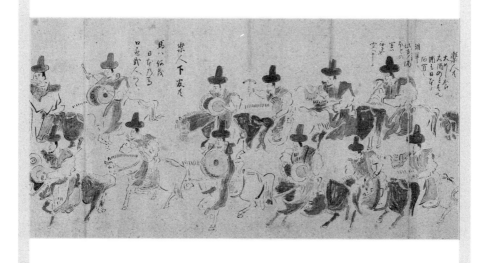

아침에 문경에서 떠난 사행원들은 신원참(新院站)에서 점심을 먹고 견탄(犬灘, 개여울)을 건넜다. 사행록에 따라 술탄(戌灘)이나 구탄(狗灘)이라고 기록한 것만 보아도 개여울이라고 읽는 것이 맞다. 원중거의 『승사록』에 "시내를 건네주는 군졸이 50명도 되지 않았다"고 걱정할 정도였으니, 비가 많이 내린 다음 날에는 얼마나 건너기 어려운 여울이었는지 짐작할 수 있다.

개여울을 건너면 유곡역(幽谷驛)에서 묵었는데, 종6품 찰방이 18개 역을 다스리는 커다란 역참이었다. 영천까지 타고 가는 말을 여기에서 갈아탔다. 이름은 심산유곡을 상상케 하지만 유곡역 자리에 세워진 점촌북초등학교 앞 길가에 유곡찰방 선정비만 10여 기가 서 있는 평탄한 곳이다.

유곡역에서 40리를 걸어 용궁현에 들리면 점심을 먹거나 하룻밤 묵었는데, 지금의 예천군 용궁면이다. 폐교된 향석초등학교 자리에 용궁현 관아가 있었지만, 지금은 흔적조차 남아있지 않다.

용궁에서 40리를 걸으면 예천에 이르렀는데, 낮에 도착하면 객사에 짐을 풀고 쾌빈루에서 활을 쏘았다. 예천이 한국 활의 대표적인 산지여서 예천 궁장(弓匠)이 유명하며, 요즘도 예천이 양궁(洋弓)의 대표적인 지역으로 알려진 것이 우연은 아니다.

예천 객사 건물 일부가 대창고등학교에 남아 있어 교장실, 행정실 등으로 사용되고 있다. 객사에서 예천군청 쪽으로 내려가는 길에 주천(酒泉)이 있는데, 물맛이 좋은 샘이어서 지금의 예천(醴泉)이라는 이름을 얻게 해준 우물이다.

1차 장희춘 『해동기(海東記)』 1607년

정월 21일

새벽에 문경현을 출발하여 호계(虎溪) 역참(驛站)에 도착했다. 정사와 종사관이 부사와 길을 나누어, 정사와 종사관은 경상좌도 쪽으로 가고 부사는 경상우도 쪽을 향해 갔다가[1] 영천(永川) 역참에서 만나기로 기약했다.

저녁에 용궁현(龍宮縣)에서 묵었다. 정사와 종사관은 상방(上房)에서 함께 자고, 나와 명숙(明叔)은 별채에서 묵었다. 별채는 물가에 있었는데 지형이 꽤 높았고 기둥 위에는 아직 수해(水害)의 흔적이 있었다. 내가 이상하게 여겨 물어보니, 을사년(1605) 수해 때 범람한 것이라 한다.

정경염(鄭景恬)의 시에 화운하였다.

드높은 누각이 산줄기 베고 누웠으니	巍然樓閣枕山根
장강을 압도하는 형세 절로 높구나	形壓長江勢自尊
지난날의 범람을 이제 와 알았으니	昔年氾濫今來識
기둥 위에 수해 흔적 뚜렷하구나	柱上分明水浸痕

---

1) 당시 부사 경섬은 상주의 빙모(聘母)를 방문하기 위해 일행과 잠시 길을 달리했다가, 1월 29일 영천에 도착하였고, 2월 1일 사행(使行)과 재회하였다. (경섬, 『해사록(海槎錄)』 1월 21일, 1월 29일, 2월 1일 기사 참조.)

22일

사행(使行)이 용궁을 출발하려는데, 현감 이정혁(李廷赫)이 전별연(餞別宴)을 베풀었다. 저녁에 예천군(醴泉郡)에서 묵었다.

23일

사행이 출발하려 할 때 고을 수령 김용(金涌) 공이 관아 밖에 장막을 세우고, 정사가 가마를 타는 곳에 서서 이별의 술잔을 권하였다. 공손하고 은근하여 정성스러운 마음을 볼 수 있었다.

예천 객사. 현재 변형되어 대창중고등학교 행정실로 사용되고 있다.

2차 박재『동사일기』1617년

6월 6일

종사관이 또 먼저 출발했다. 진시(辰時)에 도롱이를 입고 길을 가는데 비바람이 그치지 않아 옷이 온통 젖었다. 견탄(犬灘, 개여울)에서 점심을 먹었다. 문경에서 여기까지 40리이며, 전부터 출참(出站)²⁾했던 곳이다. 상사의 지대는 선산부사 유시회(柳時會)가, 부사의 지대는 개령현감 민여침(閔汝沉)이 맡았다.

비를 맞으며 용궁(龍宮)으로 가는데 길에 고인 물이 무릎까지 찼고 기름 같이 미끄러워서 하인들이 계속 넘어졌다. 신시에 용궁에 도착했다. 상사는 객사로 들어가고 부사 일행은 향사당(鄕射堂)에서 접대를 받았다. 상사의 지대는 본현 현감 이사언(李思顔)이, 부사의 지대는 비안현감 이종문(李宗文)이 맡았다. 풍산(豊山)의 박승엽(朴承燁)과 박로(朴櫓), 이정로(李廷老)·이정립(李廷立) 형제가 와서 맞이했다. 본현의 고상정(高尙程), 참군 윤섭(尹涉), 강여발(姜汝撥), 좌랑 전이성(全以性), 이영(李濚), 이흠백(李欽伯)과 예천의 권득평(權得平)이 와서 만났다. 견탄(개여울)에서 용궁까지 40리이다. [이함열(李咸悅)에게 보낸 편지의 답장이 왔다. 고울산(高蔚山)³⁾에게 답장을 썼다.]

---

2) 출참(出站) : 사신이나 감사(監司)를 영접하고 전곡, 역마 등을 대어 주기 위해 숙역(宿驛) 부근의 역에서 역원(驛員)을 내던 일을 말한다.
3) 고울산(高蔚山) : 울산 판관을 지낸 고상안(高尙顔, 1553~1623)을 말한다.

7일

앞에 개천이 하나 있는데 물이 불어나 건너기 어려웠다. 별파진(別破陣) 정의일(鄭義逸)을 보내어 수세(水勢)를 살펴보도록 하니, 돌아와 '건너도 좋다'고 답하였다. 이에 출발해 예천(醴泉)으로 향하여, 오시(午時)에 예천군에 도착하였다. 상사의 지대는 본군 군수 홍서룡(洪瑞龍)이, 부사의 지대는 봉화현감 박상현(朴尙賢)이 맡았다. 두 수령이 문 안에서 지영(祗迎)하였는데, 물리치고 들어가서 예방(禮房)의 지영례(祗迎禮)를 여쭙지 않은 이들을 장을 치게 했다.

신시에 상사부터 종사까지 함께 쾌빈루(快賓樓)에 올라, 술자리를 벌였다. 유동기(柳東起)로 하여금 금(琴)을 치게 하여, 거의 이경에 이르러서 술자리가 파하였다. 이날 김락(金洛) 족장, 권척(權惕)의 손자 권열(權說), 첨지 안위(安渭), 권진(權溱)·권현(權睍)·권현(權鉉)·허시(許蒔)·김여정(安汝正) 등이 와서 만났다. 용궁에서 예천까지 40리이다.

8일

'안기역(安奇驛)의 역졸이 앞 내에서 익사해서, 발견했을 때에는 이미 목숨이 끊어져 있었다'는 소식을 듣고 경악하였다. 별파진 최의홍(崔毅弘)을 보내어, 가서 '사천(沙川)이 얼마나 깊은지 살펴보라'고 하였는데, 최의홍이 와서 '물이 얕아 건널 수 있다'고 하였다. 삼사(三使)가 출발하여 십삼여 리를 가 사천에 이르렀는데, 말의 배 부분까지 물에 잠겼다. 이에 상사, 부사와 종사가 함께 앉아 최의홍에게 장 6대를 쳤다. 본군(本郡)의 향소(鄕所) 관리는 끌고 왔지만 장을 치지는 않았다.

나무 받침대를 받쳐 들게 하고 국서(國書)와 예단, 복물(卜物)을 먼저 옮겼다. 군관 등의 무리는 옷을 벗고 물을 건너가고, 차례대로 가교(駕

輀)를 타고서 물을 건너갔다. 상사와 종사는 곧장 풍산(豊山)으로 갔고,
우리 일행은 조상의 무덤에 가서 전배(奠拜)하는 일 때문에 지곡(枝谷)[4]
으로 갔다.

---

4) 지곡(枝谷) : 현 경상북도 안동시 풍산읍에 있던 마을인데, 이 일대에 경상북도 도
 청이 들어서면서 고령박씨 선산을 이전하였다.

3차 강홍중 『동사록』 1624년

9월 1일

날이 밝은 뒤에 양범(良範) 선영(先塋)에 가니, 상주(尙州)·지례(知禮) 등의 관원이 감사의 분부로 제물상(祭物床)을 마련해 왔으므로 고조·증조·양증조(養曾祖)의 묘소에 차려놓고 제를 지내고 또 다례상(茶禮床)으로 상근(尙根)의 묘에 제를 지냈다. 세월은 덧없이 빨라 무덤에 묵은 풀만 우북하니, 부지중에 실성통곡(失聲痛哭)을 하였다. 제를 지낸 뒤에 퇴물[餕]을 무덤 아래의 노비들에게 나눠주고 바로 길을 떠났다.

10여 리를 가니, 주인 원이 길가에 전별연을 베풀고 기다리기에 잠깐 들어가 술자리를 벌였는데, 과음하여 만취가 되었다. 두산(頭山) 신근(申謹)씨의 집에 들러 상근(尙根)의 궤연(几筵)에서 곡(哭)하고, 그 처자를 만나보았다. 여러 향족들이 매우 많이 모였으나 갈 길이 바빠 조용히 이야기하지 못하고 몇 잔 술을 들고는 바로 떠났다.

저녁에 용궁현(龍宮縣)에서 유숙하는데 비안현감 박준(朴浚)이 지대차 오고, 주인 원 이유후(李裕後)가 보러 왔으며, 전강(全絳)·전이성(全以性)·김원진(金遠振)·변욱(卞○)·권경중(權敬中)·채득호(蔡得湖)·김극해(金克諧)·채극계(蔡克稽)·고시항(高是恒) 등이 보러 왔다.

상통사(上通事) 형언길(邢彦吉)이 초상의 부음(訃音)을 듣고 그 본가로 달려갔다.

8차 김현문 『동사록』 1711년

5월 21일

새벽에 떠나 유곡역에 도착하니, 상주·금산·개령 등의 고을에서 지대하였다. 점심을 먹은 뒤에 정사가 함창(咸昌) 하서면(下西面)에 있는 고(故) 문강공(文剛公)의 계실(繼室) 함녕군부인(咸寧君夫人) 김씨의 묘에 이르러 제사를 지냈으니, 정사의 11대 조모라고 한다. 제사 물품은 본 고을에서 준비하여 왔는데, 매우 풍성하고 넉넉하였다.

날이 저문 뒤에 함창현에 이르러 머물러 잤다.[6] 본현과 인동에서 지대하였다.

이날은 60리를 갔다.

22일

종사관이 상주와 비안을 거치는 것으로 길을 잡아 의성에서 만나기로 하고 먼저 떠났다. 정사의 행차는 그대로 조반을 마치고 떠나, 용궁현에 이르러 머물러 잤다. 군위와 본현에서 지대하였다. 이날은 40리를 갔다.

부사의 행차는 안부(安富)에서 뒤쳐졌으나, 이때에 뒤이어 도착하였다.

---

6) 정사 조태억이 성묘하기 위해 개인적으로 함창에 들렸으니, 지금의 상주이다. 김현문은 정사에게 소속된 역관이라 함창에서 잤는데, 일반적인 사행들이 문경에서 용궁으로 직행한 것에 비하면 하룻길을 돌아간 셈이다.

23일

일찍 떠나 예천군에 이르러 머물러 잤다. 두 행차를 본군에서 모두 지대하였다. 이날은 30리를 갔다.

두 사신이 쾌빈루(快賓樓)에 올라 비장(裨將)을 시켜 활을 쏘게 하고, 보며 즐겼다. 서울 사람이 돌아가게 되어, 그 편에 집으로 편지를 써서 부쳤다.

9차 홍치중 『해사일록』 1719년

4월 18일

일찍이 출발하여 유곡(幽谷)에 이르렀다. 선산부사 송요경(宋堯卿)이 지대하려고 왔기에 만나보았다. 오랫동안 헤어져 있다가 이야기를 나누고보니 기쁘고 위로가 되었다. 김남헌(金南獻)과 변휴징(卞休徵) 형제도 왔기에 만나보았다.

저녁에 용궁에서 잤다. 고을 현감 윤창래(尹昌來)가 나왔기에 만났다. 김산군수 박치원(朴致遠)과 거창군수 권경(權冏)이 같이 지대관(支待官)으로 왔기에 만나보았다. 상주목사 권명중(權明仲)이 과거시험을 치르던 곳에서 일이 끝나고 난 후 돌아가다가 저녁을 틈타 왔기에 만나 이야기를 나누었다.

이날은 60리를 갔다.

11차 조엄 『해사일기』 1763년

8월 11일

　일찍 출발하여 낮에 용궁(龍宮)에서 쉬는데, 그 고을 원 정지량(鄭至良)과 금산군수 이정환(李晶煥), 비안현감 홍대원(洪大源)이 보러 왔다. 상주에 사는 일가 두어 사람과 그 고을에 사는 찰방 강한(姜翰)이 보러 왔다.

　저녁에 예천에 당도하니, 그 고을 원 신경조(申景祖), 순흥부사 신대손(申大孫), 봉화현감 이언중(李彥中), 풍기군수 정언충(鄭彥忠)이 보러 왔다. 나주목사를 지낸 홍력(洪櫟)은 나와 함께 공부하던 옛 벗인데, 나주 고을 일로 인하여 본 고을에 와서 귀양살이하다가 어머니 상을 당했기 때문에 밤을 이용하여 가 보았다. 이날은 60리를 갔다.

오사카 관상가 니야마 다이호(新山退甫)의 제자가 그려준 조엄의 초상화

11차 남옥 『일관기』 1763년

8월 11일

아침에 영천(潁川)과 강천(薑川)에 도착했는데, 두 시내는 구탄(개여울)의 하류이다. 여울의 험한 기세는 조금 누그러졌으나 깊이는 가슴까지 닿았다. 상주로 건너갈 백성들이 많이 모였다. 언덕에 도착하자마자 곧바로 건넜으니, 문경에서 고생하고 지체한 것에는 비할 바가 아니었다.

용궁현에서 점심을 먹었는데, 본읍에서 지공했다. 금산군수 이정환(李晶煥)이 지참(支站)하러 와서 만나고, 조촐한 음식으로 전별해 주었다.

저녁에 예천군에 도착했다. 산세가 수려하고 들판이 널찍해서 삶을 즐기는 자취가 있었다. 본군에서 지공했다.

밤에 원중거 성대중 두 벗과 함께 「고개를 넘다[過嶺]」 연구(聯句)를 지었다.

이날은 80리를 갔다.

11차 원중거 『승사록』 1763년

8월 11일

점심은 용궁에서 먹고(40리), 예천에서 묵었다.(40리)

○ 이날은 80리를 갔는데, 걸어가는 거리가 조금 멀었다. 중로(中路)를 거치지 않고 이 길을 따라 멀리 돌아서 안동에 이르는 이 왼쪽 길로 가는 까닭은 본래 안동과 경주에서 베풀어지던 사연(賜宴) 때문이었다. 이제 연회가 폐지되었는데도 길을 고치지 않는 까닭은 옛 관습을 따른 것이다.

내가 처음에는 함창(咸昌) 관아에 들었다가 곧바로 예천으로 향하려 했는데, 정사가 이미 먼 길이라 걱정하였고, 시내를 건너는데 혼자 가는 것도 걱정하였다. 회계(會溪)는 유곡(幽谷)의 하류인데, 시내를 따라 큰 마을이 많았다. 숲 사이로 은은한 그림자가 보이고 앞에는 기름진 들과 물을 대는 큰 시내가 있는데, 시내 동쪽은 상주(尙州) 땅이다. 상주 땅을 지나 10리쯤 가니 또 큰 시내가 있고, 그 동쪽이 용궁 땅이었다. 상주 땅은 10리가 안 되어 좁아지며 북으로 가물가물하게 충주 월악산에 접해 있다. 용궁에 들어가 금산의 지응을 받았다.

비안(庇安) 수령 홍대원(洪大源)이 삼방(三房)을 지응하기 위해 이곳에 도착했는데, 가서 만날 틈이 없어서 사람을 보내어 안부를 물었다.

먼저 떠나서 예천에 이르러 상(喪)을 당한 홍력(洪櫟)을 조문했다. 그는 전임 나주(羅州) 수령인데, 이곳에 유배되어 있다가 이 일을 당한 것이다. 봉화(奉化) 수령 이언중(李彦仲)이 그 자리에 앉아 있기에 그와 더불어 이야기를 하였다.

순흥(順興) 수령인 신대손(申大孫)이 예천 수령 신경조(申景祖)의 처소에 있다고 하는데, 오는 길에 병이 나서 기력이 다하고 위가 뒤집혀 억지로 일어날 수 없기에 도로 처소에 앉아 사람을 보내어 안부를 물었다. 본읍 수령이 와서 보고 흰 죽을 보내 주었다. 풍기(豊基)에서 지응하였다.

11차 김인겸 「일동장유가」 1763년

8월 10일

새원 주막 점심하고 뒷사람 바삐 오니
유명한 개여울이 바다가 되었구나.
급하고 싶이 머니 저를 어찌 건너가랴
각방 복태(卜馱)들이 언덕에 모였구나.
다행히 내 복마(卜馬)는 무사히 먼저 갔네.
역졸 나장(羅將) 호령하여 실한 남여(藍輿) 얻어타니
군대는 겁을 내어 붙들고 말리는고.
수십 명 건장한 놈 좌우로 부축하여
시험하여 건너오니 위태도 위태할사.
흉흉한 성난 물결 어깨에 넘는구나.
저편에 내려앉아ㅣ 지나온 데 돌아보니
망령되고 위태하니 후회가 그지없다.
우십리 유곡역에 날이 벌써 어두웠네.
지공관(支供官) 선산부사 접대도 거룩하다
경상도 넘으면서 전처럼 당하더니
차담(茶啖)과 조석상이 일로에 제일이다.

8월 11일

이튿날 비 개거늘 영순천(永順川) 지나와서

용궁(龍宮) 읍내 낮참 드니 비안현감 지공(支供) 와서

수월루(水月樓)에 앉았다가 날 보고 반겨하네.

종사상(從事相)의 병방군관 색중(色中)의 아귀(餓鬼)로서

서울서 떠나면서 날마다 저녁 참에

행수(行首) 호장(戶長) 호령하여 고은 차모(茶母) 추심하여

오히려 나삐 여겨 내게 와 간청하되

"예천은 색향(色鄕)이라 날 위하여 먼저 가서

일등 미인 뽑아내어 두었다가 나를 주오."

들으매 짓이 미워 한번을 속여 보세.

헛대답 쾌히 하고 정녕히 상약(相約)하여

동정자(洞亭子) 지나와서 예천 읍내 들이달아

뭇 기생 불러 세고 그 중에 말째 기생

늙고 얽고 박박색(薄薄色)을 가리고 가리어서

이방(吏房)에게 분부하고 병방(兵房) 차모(茶母)7) 정한 후에

외막(外幕)에 앉았더니 전배(前陪)로 먼저 와서

사방(使房)에 잠깐 뵙고 내게로 급히 와서

웃으며 이른 말이 "청(請)한 말 어찌 된고?"

거동(擧動)이 절도(絕倒)하되 웃음을 겨우 참고

은근히 대답하되 "동행(同行)의 그만 청을

---

7) 병방(兵房) 차모(茶母) : 여기에서는 병방군관 임흘(任屹)을 접대할 다모(茶母)를
가리킨다.

내 어찌 허루(虛漏)하리? 차중(此中)의 제일색(第一色)을
가까스로 뒤져내어 그대 차모(茶母) 정하였네.
하처로 어서 가서 불러보면 아니 알까?
서시(西施) 옥진(玉眞)8) 절대색(絶代色)도 이에서는 못 나으리.
오늘 밤 합친(合親)하고 내 덕으로 아오소서."
들으며 웃는 입이 함박귀만 하는구나.
창황히 돌아서서 전도(顚倒)히 나가거늘
하는 양(樣) 보려 하고 나도 함께 따라가니
안방에 겨우 들며 사령 불러 분부하되
"이 고을 수청 차모(茶母) 어이 현신 아니하냐?
급히 와 목마르니 차(茶) 냉큼 가져오라."
이윽고 현신하니 저 차모 모양 보소
쑥 같은 헐은 머리 실로 땋아 마주 매고
눈꼽 끼인 오흰 눈을 희부시시 겨우 뜨고,
옻초롱 같은 낯이 멍석처럼 얽었구나.
무명 반물 뒤롱다리 귀까지 담뿍 쓰고
헌 저고리 짧은 치마 현순 백결(懸鶉百結)9) 하였구나.
동구(洞口) 안 삼월이는 예 비하면 일색이라.

---

8) 서시(西施) 옥진(玉眞) : 서시(西施)는 춘추시대 월(鉞)나라 미인. 월나라 왕 구천
(구천)이 오나라 왕 부차(夫差)에게 패한 뒤에 서시를 바치고 와신상담(臥薪嘗膽)
끝에 복수하였다. 당나라 미인 양귀비가 죽은 뒤에 옥진이라는 선녀가 되었다고 한다.
9) 현순 백결(懸鶉百結) : 경주 낭산 아래에 살았던 신라 거문고 명인 백결선생의 고
사에 나오는데, 집안이 가난해서 옷을 계속 기워 입다보니 여기저기 실밥이 메추리
같이 늘어졌기에 사람들이 그를 백결선생이라고 불렀다고 한다. 『삼국사기』 권48에
실려 있는데, 대표 작품은 방아타령[碓樂]이다

차보오 손에 들고 뜰에 와 주춤할 때
밑살이 터졌는지 방귀조차 뀌는구나.
저 병방(兵房) 거동 보소 삼중석(三重席)에 지려 앉아
두 눈이 뚫어지게 죄오고 앉았다가
호풍(豪風)이 소삭하여 무릎 떠 돌아앉아
낙심 천만 하는 거동 용대기(龍大旗)에 비 맞았다.
일좌가 박소(拍笑)하고 사면으로 조롱하니
수괴(羞愧)한 선웃음을 날만 보고 꾸짖는다.
저녁밥 잠깐 먹고 사방(使房)에 잠깐 다녀
홍나주(洪羅州)10) 잠깐 보고 돌아와 자고 일어

---

10) 홍나주(洪羅州) : 나주목사를 역임한 홍력(洪櫟)이 예천에 유배와 있었는데, 이때
모친상을 당했다. 담헌 홍대용의 아버지이다.

안동

안동은 고을 규모가 커서 임진왜란 이후에도 기생과 악공이 갖춰져 있었기에 전별연(餞別宴)을 베풀던 곳이다. 사행이 풍산에 도착하면 체화정(棣華亭)이 눈에 띠었는데, 경상북도문화재 제200호로 지정된 체화정은 이민적(1663~1744)이 지어 형제의 우애를 다지며 산 곳이다. 집 앞의 연못에는 봉래, 방장, 영주산을 본 떠 만든 작은 섬 세 개가 있다. 예천에서 안동 − 의성으로 가는 길목에 있어 사행단의 쉼터가 되었는데, 1763년 통신사의 부사 이인배 일행이 체화정에서 점심을 먹었다.

갑신사행 부사 일행이 머물렀던 체화정

안동시 풍산읍 지평리 916번 도로가의 소산마을은 안동김씨가 700여 년간 살아온 집성촌인데, 청음 김상헌의 시조 시비 동쪽의 낮은 언덕에 오르면 경상북도 유형문화재 제213호로 지정된 삼귀정(三龜亭)이 있다. 삼구정은 청음 김상헌의 고조부 형제들이 1495년 경 늙은 어머니 예천 권씨의 쉼터로 세운 정자이다. 세 개의 돌 거북에 모친의 장수를 기원하는 뜻을 담아 삼귀정이라 이름 지었다.

조선시대에 '안동' 하면 가장 먼저 떠오르는 삼태사묘는 안동시 북문 동의 웅부공원에 있다. 옛 안동관찰부가 있던 웅부공원 안에는 영가헌 과 대동루, 시민의 종이 들어섰는데, 모두 옛 관아를 상징하기 위해 만 든 것들이다.

삼태사비

삼태사묘는 안동지역에서 고려 건국에 큰 공을 세운 김선평, 권행, 장정필의 위패를 모신 곳이다. 1711년 통신사 삼사신이 태사묘를 참배한 기록이 있으며, 1763년 사행의 제술관 남옥도 삼태사묘를 언급하였다.

마상재와 전별연이 베풀어진 진남루와 시를 읊던 망호루는 사라져 버렸다. 두 누각은 자취를 감추고 유일하게 영호루만 남아있는데 그마저 여러 차례 홍수로 유실된 것을 복원한 것이다.

1763년 종사관의 서기 김인겸은 안동 김씨이기에 안동에서의 이틀 체류를 이렇게 기록하였다.

팔대조 지으신 집 삼귀정(三龜亭)이 남아 있고
청음(清陰) 선조 계시던 집 동성(同姓) 겨레 사는구나.
즉시 일어 말을 타고 풍산참(豊山站) 바삐 가서
봉화(奉化) 고을 차담(茶啖) 점심 재촉하여 찾아 먹고
오례 산소 잠깐 다녀 부중(府中)으로 들어가니
안동(安東)은 대도회(大都會)요 우리 집 선향(先鄉)이라.
인민(人民)도 부성(富盛)하고 성지(城池)도 웅장하다.
동성(同姓)의 아전들이 가끔 와 찾고 가니,
본시 동근(同根)이라 인정이 귀하도다.
통신사(通信使) 여기 오면 예부터 연향(宴享)터니,
올 시절 흉황(凶荒)키로 특별히 폐감(廢減)하나,
전례(前例)로 하루 묵어 풍악으로 소일(消日)하네.
태사묘(太師廟)에 현알(見謁)하고 본주(本州) 관(官)에 들어가서,
글 한 수 차운(次韻)하고 밤들게야 나오도다.

김성일 『해사록』 1590년

○ 석문정사(石門精舍)에 쓰다

석문은 나의 정사	石門我精舍
짓느라 몇 해 걸렸던가	結構經幾春
하루도 머물러 보지 못하고	未能一日居
도리어 창해의 길을 물었네	却問滄海津
이제 오면서 산 밑으로 지나니	今來過山下
잔나비와 학이 모두 성을 내네	狼鶴皆生嗔
비록 북산이문(北山移文)은 없으나	雖無北山移
주언륜 닮아 스스로 부끄럽구나	自愧周彦倫
나랏일이 막중한 걸 생각하자면	但念國事重
내 어찌 잠시인들 머뭇거리랴	我何小逡巡
마침내 충신에 의탁하여	會當仗忠信
한 번에 두 나라의 화친을 이룩하리라	一成兩國親
변방에 전란이 끊어지고	三邊絶刁斗
임금의 은택이 백성을 흡족케 하리라	聖澤洽吾民
그런 뒤에 고향으로 돌아와	然後賦歸來
영원토록 산중 사람이 되리라	永作山中人

○ 영가(永嘉) 망호루(望湖樓)에 있는 시를 차운하여 고을 수령
에게 드리다

머리 희어 남으로 오니 시름 걷잡을 수 없어	白首南來愁莫任
동루의 봄 경치를 비로소 한가로이 찾아보네	東樓春物始幽尋
천 가지 가는 버들은 풍연이 무겁고	千條弱柳風煙重
백 겹 이름난 꽃엔 우로가 깊구나	百匝名花雨露深
한 번 웃고 노니는 오늘 저녁 흥겹건만	一笑留連今夕興
외로운 배 멀고 머니 객지로 가는 마음이네	孤舟迢遞異鄉心
함께 놀던 사람과 차마 헤어지지 못하여	追陪不忍分携去
굽이굽이 맑은 못에 종일토록 앉아 있네	曲曲淸池盡日臨

석문정사 바위에 김성일이 쓴 '석문' 두 글자가 새겨져 있다. 학봉종가 사진

1차 장희춘『해동기』1607년

정월 23일

사행이 출발하려 하니 고을 수령 김용(金涌) 공이 관아 밖에 장막을 세우고, 정사가 가마를 타는 곳에 서서 이별의 술잔을 권하였다. 공손하고 은근하여 정성스러운 마음을 볼 수 있었다.

안동부(安東府)의 풍산창(豊山倉)에서 점심을 먹었다. 어둠 속에서 횃불을 밝히고 바로 본부에 도착했는데, 정료(庭燎)[1]가 밝게 빛나고, 기녀들이 죽 늘어서서 절을 하였다. 정사와 종사관이 밤에 작은 술자리를 열었는데, 풍악을 울릴 악기가 모두 갖추어져 있었다. 병화(兵禍)의 뒤에도 오히려 이와 같으니, 평상시 문물(文物)을 미루어 짐작할 수 있다.

24일

그대로 머물렀다. 부사 김륵(金玏)[2]이 임기가 차 체직되어 촌사(村舍)로 옮겨 머물고 있었는데, 이날 저녁 사신을 찾아와 사행을 위로하는 술자리를 베풀었다.

---

1) 정료(庭燎) : 나라에 큰일이 있을 때에, 밤중에 입궐하는 신하를 위하여 대궐의 뜰에 피우던 화톳불.
2) 김륵(金玏, 1540~1616) : 본관은 예안(禮安). 자는 희옥(希玉), 호는 백암(柏巖). 이황(李滉)의 문인이다. 임진왜란 때 경상도 안집사(安集使)를 거쳐 1612년 하절사(賀節使)로 명나라에 가서 명나라 군사가 조선에 남아 있는 것처럼 꾸며 일본의 재침략을 막아 달라는 청을 올렸다. 안동부사로 나가 범람하는 낙동강의 재해를 막기 위해 제방을 수축해 후세에까지 칭송을 들었다.

(盥漿曲), 헌선도(獻仙桃), 계면조(界面調) 연파곡(宴罷曲)을 차례대로 연주하였다. 칠작례(七酌禮)를 마친 뒤에, 감사(監司)가 편하게 앉아서 잔을 올리기를 청했다. 상사와 부사, 종사관 및 감사가 자리를 마주하고 술을 마셨다. 상사가 먼저 일어나 나가고, 잠시 뒤 이어서 일어났다. 이날 밤 비가 장마처럼 내렸다.

12일

앞 내의 물이 불어나 안동에 머물렀다. 좌수(座首) 이진(李珍)과 별감(別監) 안귀수(安貴壽)가 주관하여 술자리를 마련했다. 경주 제독(慶州提督) 권위(權暐)·안동 제독(安東提督) 이여빈(李汝馪)·전 별감(別監) 이호(李瑚)가 다과를 가지고 와서 참여하였고, 군관과 원역(員役)도 아울러 참여하였다. 참의 이지(李遲)가 자신의 집으로 청하여, 군관과 원역을 모두 데리고 갔다. 술을 따르고 음악을 연주하였으며 등불이 휘황찬란하였다. 거의 이경(二更)에 이르러서야 관부로 돌아왔다.

13일

종사가 아침 일찍 먼저 길을 나섰다. 명엽(名燁, 둘째 아들)이 뒤따라와 하직하고 돌아갔다. 묘시(卯時)에 감사를 뵙고 출발했다. 영해(寧海)의 하인들이 병기(兵器)와 의장(儀仗)을 내버리고 달아났기에 두 사람을 잡아왔다. 남문교(南門橋) 앞에서 행차를 멈추고 각각 곤장 5대를 치고서, 말 앞에서 몰아서 가게 했다. 박성범(朴成範)과 박승엽(朴承燁)이 와서 나루터에서 하직했다.

작은 고개를 넘어 독천원(禿川院)을 지나 일직현(一直縣)6)에 도착했다. 안동에서 여기까지 30리이다. 상사의 지대는 본부(本府)가, 부사의 지대는 예안현감 이계지(李繼祉)가 맡았다. 전적(典籍) 이봉춘(李逢春)·충의(忠義) 이건(李健)·권생원(權生員)이 와서 만났고, 박로(朴櫓), 유현(柳炫)이 따라왔다. 출발할 즈음에 예안 수령을 초대하여 만났다.

---

6) 일직현(一直縣) : 현재 경상북도 안동시 일직면에 있던 고을이다.

3차 강홍중 『동사록』 1624년

9월 3일

주인 원 홍이일(洪履一)이 보러 오고, 영천군수(榮川郡守) 이중길(李重吉)이 상사(上使) 지대차 풍산참(豊山站)에 나왔다가 상사가 지나간 후에 나를 보기 위하여 술을 가지고 왔다. 주인 원과 봉화현감이 모두 술자리를 베풀어 각각 잔을 나누고 작별하니, 날이 거의 정오가 되었다.

술이 거나하여 길을 떠나 풍산(豊山)에서 점심을 먹었는데, 진보현감(縣監) 이입(李岦)이 지대차 나왔다. 김경조(金慶祖)가 보러 왔는데, 그의 집이 풍산현에 있다고 한다. 변두수(卞斗壽)라는 사람이 척분이 있다 하여 보러 왔고, 권노(權櫓)가 영천(榮川)으로부터 술을 가지고 보러 왔는데, 먼 곳에서 일부러 와 주니 두터운 정분을 알 수 있다. 박회무(朴檜茂)는 서신으로 안부를 물었다.

해가 서산으로 기울 무렵에 안동부(安東府)에 들어가니 상사와 종사가 바야흐로 머물러 기다리고 있었다. 부사(府使) 이상급(李尙伋)이 보러 왔다. 풍기군수 송석경(宋錫慶)은 연향(宴享)의 비용을 보조하였고, 영해부사 윤민일(尹民逸)은 지대차 나와 있었다.

옥여(玉汝) 형은 예천(醴泉)에서 뒤떨어졌다.

4일

맑음. 안동에 머물러 연향을 받았다. 풍기(豊基)·영해(寧海) 두 영공이 보러 와서 간략히 술잔을 나누고, 주인 원도 또한 보러 왔다. 이득배(李

得培)·박중윤(朴重胤)이 보러 왔다. 정영방(鄭榮邦)의 여막(廬幕)에 홍헌(弘憲)을 보내어 안부를 물었다.

장계(狀啓)를 올리고 집에 서신을 부쳤다.

5일

아침에 이득배(李得培)가 술을 가지고 찾아와 서로 손을 잡고 작별하였다. 조반 후에 일행이 모두 떠나는데 주인 원이 영호(映湖)의 배 위에 전별연을 베풀고 기악(妓樂)을 갖추었다. 잔이 오고가면서 알지 못하는 사이에 만취가 되었다.

일직(一直)에서 점심을 먹었는데, 예안현감 양시우(楊時遇)가 지대차 나오고, 신석보(申錫輔)·남잡(南磼)이 보러 왔다.

4차 김세렴 『해사록(海槎錄)』 1636년

8월 24일

예천을 떠나 풍산(豊山)에 도착하였다. 비가 내리다 그치다 하였다. 진보현감 최극량(崔克良)이 지응관으로 와서 기다렸다. 여염집에 들었는데, 정원과 집이 매우 크고 성대하였다. 주인이 사인(士人) 이광원(李光遠)이라 한다. 김시설(金時卨)·김시윤(金時尹)·예안 남연(禮安南碩)·생원 이흘(李屹)이 보러 왔다. 자칭 처족[氷君族]이라는 늙은 품관(品官) 몇 사람이 보러 왔는데, 이흘도 그중의 한 사람이다.

오후에 비를 맞으며 떠났다. 중도에서 비로소 예천·영천(榮川)의 선비 40여 인이 보러 왔다가 만나지 못하고 돌아갔다는 것을 듣고서 매우 탄식하였다. 황혼(黃昏)에 안동에 도착하니, 부사 신준(申埈)·영해부사(寧海府使) 지덕해(池德海)·풍기군수(豊基郡守) 김상빈(金尙賓)이 예(禮)를 행하였다. 밤에 이정자와 나생원과 함께 잤다.

25일

안동에 머물렀다. 순찰사 심연이 상주(尙州)에서 만나기를 기약하고 먼저 군관을 보냈기에, 내일로 약속하였다. 내 병이 발작하였다. 청송부사(靑松府使) 최산휘(崔山輝)가 보러 왔다.

26일

안동에 머물렀다. 영해 사람 주천익(朱天益)이 보러 오고, 찰방 김시추(金是樞)와 선비 수십 인이 보러 왔다.

식후에 성(城) 동쪽에 있는 김영흥(金永興)댁 숙모를 가서 뵈었다. 돌아와 동헌(東軒)으로 나아가니, 부사가 영해부사·풍기군수와 더불어 작은 술자리를 베풀었다. 석양이 되어서 파하고 망호루(望湖樓)에 올랐다.

순찰사는 탄핵을 받았기에 오지 못하였는데, 탄핵을 받은 까닭은 잣 등 토산품의 진상(進上)을 복구하는 것이 불가할 것이 없다고 요청하였으므로, 사간원이 준절히 논핵(論劾)하였기 때문이다.

27일

맑고 아침에는 안개가 끼었음. 상사가 먼저 떠났다. 안동부사 및 여러 수령들이 와서 말을 하고 풍기군수가 청하였다.

"어제 방백(方伯)이 오지 않아 잔치를 베풀지 못하였으니, 절은(折銀 어떤 대가를 은자(銀子)로 쳐서 바꿈)하는 예(例)를 따라 노자에 보태시기 바랍니다."

내가,

"공(公)은 중국식을 행하려 하오?"

하니, 안동부사는 낯빛이 변하고, 풍기군수는 드디어 부끄러워하며 나갔다. 안개가 걷힌 뒤에 떠났다. 이정자와 나생원이 모두 돌아갔다. 일직현(一直縣)에 이르니, 예안현감 박경원(朴慶元)이 와서 기다렸다. 생원 이잘(李嚟)이 보러 왔는데, 바로 처족이다. 인하여 그 자질(子姪)을 보이고 작은 술자리를 베풀었으며 자석연(紫石硯)을 내게 주었다.

6차 조형 『부상일기(扶桑日記)』1655년

4월 29일

아침에 예천을 출발하여 풍산(豊山)에서 점심을 먹었다. 영천군수 이하악(李河岳)이 참에 나왔으며 전(前) 지평(持平) 남천택(南天澤)이 와서 뵈었다. 저녁에 안동(安東)에 머물러 잤다. 밤에 부사, 주수와 더불어 이야기를 나누고 조촐한 술자리를 가졌으며, 밤이 깊어서야 자리를 파했다.

5월 1일 안동에 머무름

망호루(望湖樓)에 모였는데, 주수 이준구(李俊耉)와 영해(寧海)수령 성백첨(成伯瞻), 본부 판관(本府判官), 안기(安奇)·금정(金井)·창락(昌樂)의 세 독우(찰방)가 모두 술자리에 참석하였다. 일행의 군관과 원역들도 모두 연회에 참석할 수 있었다.

2일

식후에 여정에 올라 앞에 있는 강에 이르러 배를 타고서 작별한 뒤, 말을 달려 일직(日直)에 이르렀다. 안동수령 이자교(李子喬)도 뒤따라 도착했다.

7차 홍우재『동사록』1682년

16일

풍산(안동부의 창고가 있는 곳)에서 점심을 먹었는데 영천·봉화·풍기 등의 고을에서 지대했다(봉화에서 종행인을 제공했다). 안동부에 이르러 유숙했는데 진보현과 본부에서 지대했다(진보에서 종행인을 제공했다). 옛날 주인 최수천(崔壽天)이 와서 뵈기에 몇 잔 술을 나누었다.

이날 밤에 다 함께 영호루(映湖樓)에 올랐는데 기생과 악사(樂士)가 모두 수행했다. 잠시 후 파하고 돌아오는데 성문에 횃불 빛이 휘황하게 늘어서 있었다. (영호루는 정사년(1677)에 부사 맹주서(孟胄瑞)가 중수했다.)

17일

일직(日直, 일직에는 안동부의 창고가 있다.)에서 점심을 먹었는데 영해(寧海)·예안(禮安)·안동 등의 고을에서 지대했다(안동부에서 종행인을 제공했다).

7차 김지남 『동사일록』 1682년

5월 16일

아침밥을 먹은 뒤에 떠나서 풍산에서 점심을 먹고 안동에 도착하여 잤다. 이날 삼사가 망호루(望湖樓)에 모여 관현악(管絃樂)을 연주케 하고 기생의 유희도 드리게 했다.

해가 진 뒤에 계속하여 영호루(映湖樓)로 가서 한참 동안 술 마시고 잔치를 베풀었다. 잔치를 끝내고 헤어져 돌아올 때에는 횃불과 촛불의 행진이 10리 길에 뻗쳤으니 이야말로 한 가지 큰 장관이었다.

이날 70리를 갔다.

17일

맑음. 새벽에 떠나서 일직참(日直站)에서 아침밥을 먹었다.

8차 임수간 『동사일기』 1711년

5월 24일

풍산역(豐山驛)에서 점심을 먹었다. 순흥(順興)이 나와 기다리기에 조용히 작별하였다. 저녁에 안동(安東)에서 잤는데, 영양(英陽) 이건(李虔)이 나와 기다리다가 보러 왔다.

25일

흐림. 안동(安東)에 묵으면서 정사(正使)와 주인 여휴경 필용(呂休卿必容 휴경은 자(字))과 더불어 진남루(鎭南樓)에 가 마상재(馬上才)를 보았는데, 외지로부터 구경하기 위해 온 사민(士民)들이 무려 수천 명이었다. 이어 기악(妓樂)을 베풀다가, 강무당(講武堂)으로 옮겨 가 활쏘기를 구경했다. 일행이 한 자리에 모여 풍악을 베풀고 술을 마시다가 날이 저물어서야 헤어져 돌아왔다.

26일

흐림. 아침에 안동을 떠났다. 주인이 영호루(暎湖樓)에 주찬과 기악을 베풀었는데, 강산이 평원하면서도 아늑하여 참으로 승지였다. 일직역(一直驛)에서 점심을 먹었다. 예안(禮安)에서 나와 대기했는데, 그 고을 원은 병으로 인해 오지 못했다.

8차 김현문 『동사록』 1711년

5월 24일

새벽에 떠나 15리를 가서 사천(沙川)에 도착하였는데, 어제 내린 소나기 때문에 다리가 무너졌고 큰물이 넘쳤다. 정사께서 가마에서 내려 멈추어서 절월과 예단, 짐들을 모두 건너게 한 뒤에 천천히 인부들을 건너게 하였다. 15리를 더 가서 풍산창(豊山倉)에 이르니, 영천과 순흥에서 지대하였다.

점심을 먹고 떠나려고 했으나 한낮의 무더위가 너무 심하여 갈 수가 없으므로, 해가 넘어간 뒤에 비로소 떠났다. 저녁에 안동부(安東府)에 이르러 머물러 잤다. 본부와 영양에서 지대하였다.

고개를 넘은 뒤에는 구경하러 나온 남녀들이 사나흘치의 식량을 싸가지고 와서 길거리를 메웠다. 빙둘러 장막을 높게 치고 구경하는 자들이 많았는데, 안동이 더욱 많았다. 이날은 60리를 갔다.

25일

안동에 머물며, 예단과 짐들을 고쳐 쌌다. 오후에 정사가 삼태사묘(三太師廟)에 가서 절하였다. 참배를 마친 뒤에 남문루(南門樓)에 가서 마상재(馬上才)를 구경했는데, 말 달리는 길이 평탄치 않아 갖가지 기술을 다 펼칠 수가 없었다.

고을 수령인 여필용(呂必容) 영공과 양 사신이 강무청(講武廳)에 앉아서 잔치를 베풀어, 피리와 거문고들을 번갈아 연주하고 기희(妓戱)를 다

하였다. 날이 저물어서야 마쳤다.

26일

새벽에 떠나 5리를 가서 영호루에 이르자, 고을 수령이 전별연을 준비하고 기다리고 있었다. 술이 서너 잔씩 돌아간 뒤에 부사가 먼저 배를 타고 강을 건넜다. '영호루(暎湖樓)' 편액 세 글자는 고려 공민왕(恭愍王)이 쓴 것으로, 뻗어나간 필법이 힘차고 매우 씩씩하니 참으로 옛 유적이다.

9차 홍치중『해사일록』1719년

19일. 안동(安東)에 도착

아침 일찍 권명중과 이별하였다. 예천(醴泉)에서 아침밥을 먹었다. 고을 군수 윤세겸(尹世謙)이 왔기에 만나보았다.

낮에 풍산(豊山)에 이르렀다. 봉화현감 심역(沈㴒)이 지대하기 위해 왔기에 만나보았는데, 비장(裨將)이 접대하는 일에 신중하지 못하다 하여 추치(推治 죄인을 다스려 벌을 줌)하였다. 예천 색리(色吏)[7] 7명과 찰방 김간(金東)이 왔기에 만나보고 저녁에 같이 잤다. 안동 영장(營將) 박정빈(朴廷賓)과 안기(安奇) 찰방 윤상래(尹商來)가 왔기에 만나보았다.

이날은 100리를 갔다.

20일. 안동에 머묾

경시관(京試官) 이중협(李重恊)이 마침 시험 장소에서 왔다가 서악사(西岳寺)에 머무르며 반나절 동안 이야기를 나누었다. 또 저녁 틈을 타서 고을 부사 권이진(權以鎭)이 와서 만나보았는데, 밤에 또 왔기에 만났다.

21일. 의성(義城)에 도착

일찍이 출발하여 영호루(映湖樓)에 이르렀다. 시냇물이 크게 불어나는 바람에 삼선(三船)이 먼저 건너고, 삼행(三行)[8]의 인마(人馬)와 종사(從

---

7) 색리(色吏) : 감영(監營) 또는 군아(郡衙) 등의 아전.

事)가 먼저 갔다. 부사와 함께 누각에 올라가 경치를 바라보다가, 이어 경시관(京試官)을 맞아 다정하게 이야기를 나누다 헤어졌다.

　낮에 일직(日直)에 이르렀다. 청송부사 성경(成瓊)이 지대하기 위해 나왔기에 만나보았다.

---

8) 삼행(三行) : 삼사(三使) 가운데, 종사관의 일행을 가리킨다.

11차 조엄 『해사일기』 1763년

8월 12일 안동에 닿았다.

정오에 풍산관(豐山館)에서 쉬는데, 영천군수(榮川郡守) 김형대(金亨大)가 보러왔다.

저녁에 안동부에 들어갔다. 전에 순심(巡審)하면서 세 차례 이 곳에 온 일이 있었는데, 물색(物色)이 전과 다름이 없으니, 참으로 웅장한 대도호부(大都護府)이다. 고을 원인 참판(參判) 김효대(金孝大)·진보(眞寶)의 원임정호(林正浩)·영덕현령 이명오(李明吾)가 보러왔다.

이날은 80리를 갔다.

13일 안동에 머물렀다.

세 사신이 모두 예단(禮單)을 봉해 싸며 다시 점검해 보니, 흑마포(黑麻布)가 조금 젖은 것이 있으므로 말려서 고쳐 봉한 뒤에, 각도(閣道)를 따라 고을 원과 함께 망호정(望湖亭)에 오르니 누관(樓觀)이 자못 웅장하였다. 종일 이야기하다가 밤이 되어서야 파하였다.

도내(道內)에 내가 가까이하던 기생 셋이 있었는데, 동래(東萊)에 살던 기생은 이미 죽었고, 대구(大邱)에 있던 이는 이미 다른 사람이 차지하였고, 이 고을에 오직 한 기생이 남아 있는데 이틀 동안이나 머물면서도 다시 가까이하지 않은 것은 뜻이 있어서다. 내가 재주 없는 사람으로 지금 외국에 사신 가는 명을 받았는데, 만일 혹시라도 먼저 여색에 뜻을 둔다면 병을 조심해야 하는 경계를 범할 뿐만 아니라, 장차 어떻게 마음을 맑히고 욕심을 적게 하여 사신 가는 일을 수응(酬應)하겠는가? 이 때문에 재물과 여색 두 가지 일에 있어서 반드시 사사로운 뜻을 끊어버리고 직임에 전심(專心)하는 바탕으로 삼으려고 하는데 이 경계를 지키게 될런지 알 수 없다.

14일. 의성에 닿았다.

낮에 일직참(一直站)에서 쉬는데, 청송부사(靑松府使) 유건(柳健)과 영양 현감 이언신(李彦藎)이 보러 왔다.

11차 남옥 『일관기』 1763년

1763년 8월 12일

오천(梧川)에 도착하여 가마로 건넜다. 풍산(豐山) 옛 현에서 점심을 먹었으니, 바로 안동 땅이다. 영천(榮川, 영주)에서 지공했다. 산이 기운이 밝고 곱고 들판의 형세가 평평하고 원만해서 좋은 건물들이 많이 있으니, 모두 다 높은 관원들의 옛 집이다. 청음(淸陰, 김상헌)이 살던 삼귀정(三龜亭)은 5리에 있어 바라볼 수 있는데, 서애(西厓) 상공이 살던 하회(河回)는 20리에 있다고 한다. 해 저물 무렵에 안동부에 도착했는데, 본읍에서 지공했다.

이날은 70리를 갔다.

13일

옛 관례에 따라 안동에 머물렀다. 객지에서 수일(讎日)[9]을 만나니 마음이 아프고 슬펐다.

안동부에 김(金)·권(權)·장(張) 삼태사(三太師)의 사당이 있는데, 제좌(齊坐) 때문에 배알하지 못했다. 망호루(望湖樓)나 영호정(暎湖亭) 같은 여러 명승지가 있지만, 모두 올라가 보지 못했다.

『영가지(永嘉志)』와 공민왕(恭愍王)이 손수 쓴 교지를 보니 필세가 굳세고 상쾌하여 진(晉)·송(宋)에 핍진했다. 공민왕이 내린 백옥(白玉), 오서대(烏犀帶), 여지(荔枝) 모란 금대(金帶), 옥권자(玉圈子), 학(鶴) 형상으로 만든

---

[9] 해마다 돌아오는 부모의 기일(忌日)을 원망스럽게 이르는 말.

홀(笏), 홍(紅)·백(白)·녹(綠) 비단 6-7권과 권태사의 금대(金帶), 옥적(玉笛), 주칠목배(朱漆木杯) 등 부사(府司)에 소장되어 있는 것들을 오랫 동안 구경했다.

14일

배를 타고 영호루 앞을 건넜다. 점심은 일직(一直) 옛 현에서 먹었는데, 역시 안동 땅이다. 청송에서 지공했다. 부사 유건(柳健)과 영양현감 이언신(李彦藎)이 와서 만나니 몹시 기뻤다.

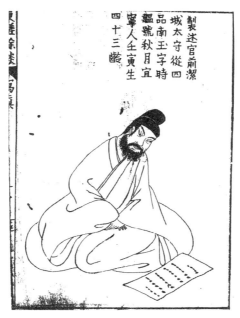

일본 필담집 『동사여담』에 실린 남옥 초상

11차 원중거 『승사록』 1763년

8월 12일

풍산에서 점심 먹고(40리), 안동에서 묵었다(30리). 이날은 70리를 갔다.
○ 밤이 와도 통증이 그치지 않았다. 아침에 먼저 떠났는데, 5리도 못
가서 큰 시내를 건넜고, 또 10리도 못 가서 큰 시내를 건넜으니, 이 시내
가 영천(榮川)의 하류였다.

풍산창(豊山倉)에 들었는데, 순흥(順興)10)에서 지응하였다. 본읍 수령
이 내게 처소에서 함께 지내자고 하여 그렇게 했는데, 안온하게 이야기
하여 기뻤다. 두 벗과 함께 연구(聯句)를 주고받으며 시를 지었다.

행차가 안동에 도착해 함께 향서당(鄕書堂)에서 묵었다. 진보(眞寶)에서
지응하였다. 이곳 수령인 임정호(林定浩)가 시온을 만나기 위해 왔다.

유곡에서 이곳까지는 내가 처음 본 곳들이다. 영(嶺)의 등줄기가 동해
를 지고 오는 것은 태백(太白)부터 시작해 서쪽으로는 소백(小白)이 되고
주흘(主屹)이 되며, 주흘의 뒤부터는 남쪽으로 속리(俗離)가 되고 지리(智
異)가 되어 남해에서 다한다. 태백의 남쪽과 지리의 동쪽에 있는 것이
영남(嶺南)이고, 안동 등 여러 고을들은 산의 가장 양지에 해당되니, 지
세가 양지이며 밝은 것으로 말한다면 우리 동방에서 마땅히 으뜸이다.

영천과 안동은 소백의 양지에 해당되며, 여러 고을의 중앙이 된다.

---

10) 순흥(順興) : 순흥도호부는 큰 고을이었는데, 금성대군이 이 고을에 유배되었다가
　　단종복위를 꾀하였으므로 세조 3년(1457)에 순흥을 폐하고 일부를 영천군(榮川郡)
　　에 편입시켰다. 영천군이 지금의 영주시인데, 순흥면에 그 이름이 남아 있다.

하천의 수원이 태백을 따라 안동으로 내려오는 것은 영천·유곡·의성의 여러 큰 시내들을 가장 크게 합쳐서 낙동강이 된다. 낙동강이라는 이름은 '이락전간(伊洛瀍澗)이 황하로 흘러 들어간다'는 구절에서 취한 것이다. 이곳에는 고가(古家)가 많아서, 산 언덕 숲이 우거진 곳에 은은하게 지붕 용마루가 보이는 것들이 대부분 세가(世家)의 고택들이다. 9할은 빈한하지만, 넉넉한 곳도 1할은 된다. 풍산(豊山)의 옛고을에는 모두 성대한 집들이 있는데, 이진사(李進士)가 연못을 파고 누대(樓臺)의 처마를 엮어 별장을 만들었으니, 부사의 처소가 바로 그 하나였다.

13일

안동에서 묵었다.

○ 세 사상(使相)과 함께 객사에 모였는데, 시온은 기일이어서 잠시 들어왔다가 바로 나갔다. 나는 사안과 사집을 따라 망호루(望湖樓)에 올랐다. 수많은 집들 사이로 안개 낀 나무들이 있는데, 먼 산은 얽혀 있고 남쪽으로는 우거진 숲이 있으며, 숲 밖으로는 강이 흐르고 있었다. 들판이 부드럽게 펼쳐져 상쾌함과 온화함마저 겸하였으니, 참으로 명산려수(名山麗水)였다.

안동부는 신라 때부터 큰 도회지였다. 옥적(玉笛)·금대(金帶)·옥대(玉帶)·주칠삼기왜잔(朱漆三琪倭盞)이 모두 고려 때부터 있던 것인데, 상자 안에 함께 담아서 간직하였다. 부사(府司)의 상자 속에는 또 옛 관리에게 내린 교서(教書) 한 장이 있으니, 공민왕이 내린 금으로 된 고명(誥命)이다. 윗면에 크게 '교(教)'라는 글자가 쓰여 있고, 그 아래에 유지(諭旨)가 쓰여 있으니, 관직에 임명하는 뜻을 말한 것이다. 어떤 사람이 전하길, '공민왕이 직접 쓴 것이다'고 하나, 상고할 수는 없다. 천년 동안 남겨

전하며 봉하여 두고 없애지 않았으니, 전하고 보호하는 마음이 정성스럽다. 안동 사람이 아니라면 할 수 없는 일이다.

14일

점심은 일직창(日直倉)에서 먹고(30리), 의성에 머물렀다(40리). 이날은 70리를 갔다.

○ 아침에 영호루(映湖樓)를 향하여, 나루를 건너 우회하여 지름길로 일직에 갔다. 일직도 또한 옛 고을인데, 영덕에서 지공하였다.

11차 김인겸 『일동장유가』 1763년

8월 12일

피골 역골 두 산소에 얼른 들려 소분(掃墳)하고
쇠오뫼[11] 동종(同宗)들이 다 모여 기다리네.
팔대조 지으신 집 삼귀정(三龜亭)[12]이 남아 있고

삼귀정

---

11) 쇠오뫼 : 경상북도 안동시 풍산읍에 있는 소산(素山)의 우리말 이름이다.

12) 삼귀정(三龜亭) : 안동시 풍산읍 소산리 76에 있는 정자인데, 경상북도 유형문화재
제213호이다. 김인겸의 8대조이자 안동김씨 11세조인 김영전(金永銓)·김영추(金永
錐)·김영수(金永銖) 3형제가 88세 된 노모 예천권씨를 위해 세웠다.

청음(淸陰) 선조 계시던 집 동성(同姓) 겨레 들었구나.

즉시 일어 말을 타고 풍산참(豊山站) 바삐 가서

봉화(奉化) 고을 차담(茶啖) 점심 재촉하여 찾아 먹고

오례 산소 잠깐 건너 부중(府中)으로 들어가니

안동(安東)은 대도회(大都會)요 우리 집 선향(先鄕)이라.

인민(人民)도 부성(富盛)하고 성지(城地)도 웅장하다.

동성(同姓)의 아전들이 가끔 와 찾고 가니,

본시 동근(同根)이라 인정이 귀하도다.

통신사(通信使) 여기 오면 예부터 연향(宴享)터니,

올 시절 흉황(凶荒)키로 특별히 폐감(廢減)하나,

전례(前例)로 하루 묵어 풍악(風樂)으로 소일(消日)하네.

8월 13일

태사묘(太師廟)에 현알(見謁)하고 본주(本州) 관(官)에 들어가서,

글 한 수 차운(次韻)하고 밤들게야 나오도다.

8월 14일

효월(曉月)에 길을 떠나 영호루(映湖樓) 구경하고

나룻배 잠깐 건너 일직(日直) 와 말마(秣馬)하여

영호루

의성 · 군위

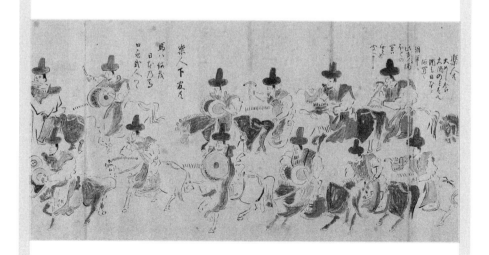

사행원들이 의성에 들어와 가장 먼저 찾는 곳이 문소루(聞韶樓)인데, 밀양 영남루, 진주 촉서루, 안동 영호루와 함께 영남 4대 누각 중 하나로 꼽을 만큼 크고도 아름다웠다. 의성군 의성읍 원당리에 있는 문소루는 고려 중기에 창건하였으며, 여러 차례 중건을 거쳐 1983년에 다시 복원하였다. 기단은 낮지만 의성을 둘러싼 구봉산 자락의 높은 언덕에 세워져 의성읍을 조망할 수 있다.

문소루

1711년 통신사 부사 임수간의『동사일기』와 역관 김현문의『동사록』
에 문소루에서 통신사 전별연을 베풀면서 칼춤을 추었다고 기록했다.
마상재(馬上才)는 물론 선유악(船遊樂, 배따라기)에도 군관이 등장해, 칼춤
까지 포함된 통신사 전별연은 단순한 유흥이 아니라 군사 임무를 되새
기는 행사였음을 알 수 있다.

　　의성현에서 잠을 자면 청로역(靑路驛)에서 점심을 먹고, 의흥현(義興縣)
에 도착해 잠을 잤다. 청로는 지금의 의성군 금성면 청로마을이고, 의흥
은 지금의 군위군 의흥면이다. 의흥 객사는 현재 의흥초등학교 자리에
있었으며, 가까운 골목 언덕바지에 의흥향교가 남아 있다.

의흥 객사 옆에 있던 의흥 향교

김성일 『해사록』 1591년

○ 이십오일 낮에 청로역(靑鷺驛)에서 쉬면서 황회원(黃會元)[1]의 시에 차운하여 표질(表姪) 민순원(閔順原)과 조카 용(涌)에게 작별하면서 주다

비 개인 뒤의 산꽃이 눈에 들어 새로우니   雨後山花入眼新
봄 신령이 아마 멀리 가는 사람 위로한 것이리라 東君應慰遠遊人
무슨 방법으로 가는 세월을 멈추게 할까   何方住得西飛日
이번에 가면 해외(海外)의 봄까지 아울러 보겠지 此去兼看海天春

경인년(1590) 3월에 길을 떠나서 신묘년(1591) 2월에야 돌아왔으니, 이것 역시 시참(詩讖)이었다.

---

1) 회원(會元)은 정사 황윤길(黃胤吉)의 자(字)이다.

1차 장희춘『해동기』1607년

정월 26일

해질 무렵 비를 맞으며 떠나 의성현(義城懸)에 도착하여 머물렀다. 꿈에 덕랑(德娘)을 보았는데, 10년 전 병란의 와중에 헤어진 사람이다. 절구 한 수를 읊었다.

향산은 어이하여 유지를 놓아 보냈나[2]	豈是香山放柳枝
십 년을 못 봤는데 난초 같은 자태 여전하네	十年相失蕙蘭姿
희미한 기억 더듬어 어젯밤 꿈에 만나보니	依稀記得前宵夢
검은머리 고운 얼굴이 옛날과 다름없네	綠鬢韶顔似舊時

이날 새벽에 엄명보(嚴明甫), 김여원(金汝遠)과 함께 둘러앉아 술을 맘껏 마셨는데, 마침내 한바탕 남가일몽(南柯一夢)이었음을 깨닫고는 전운(前韻)을 다시 사용하여 시를 지었다.

---

2) 향산이 유지를 놓아보내다[香山放柳枝] : 향산은 당나라 시인으로 향산거사(香山居士)라 자호한 백거이(白居易)이다. 그가 만년에 형부상서로 벼슬에서 물러나 향산(香山)에 은거하며 애첩(愛妾)을 데리고 살 수 없게 되자, 〈양류지곡(楊柳枝曲)〉을 잘 불러 일명 '양류지'로도 불리던 번소(樊素)를 놓아보냈는데, 이때 그녀와의 정을 잊지 못하는 시를 읊었다.

일찍이 남교 앞에서 유지와 헤어졌는데	曾向南郊別柳枝
꿈속에서나마 다행히 그 모습을 보았네	幸憑蝴蝶接風姿
술잔 앞에 앉아 이런저런 얘기 나누다가	鼎對樽前多少話
새벽 종소리에 놀라 깨니 견디기 어려워라	不堪驚罷曉鍾時

내가 도성을 나섰던 날 강 머리에 와서 전별하였기 때문에 시에서 아울러 언급하였다.

27일

의성에 머물렀다. 정사와 종사관이 상방(上房)에서 낮잠을 자거나 바둑을 두며 시간을 보냈다.

28일

의성에서 아침 일찍 출발하여 의흥현(義興縣)에 이르렀다. 정사가 장난삼아 종사관에게 절구 한 수를 지어 주었는데, 시의(詩意)는 오로지 '화산에서 미인과 이별하다[花山別娥]'는 뜻이었다. 내가 그 운에 차운하였다.

님 그리는 시름에 하루에도 아홉 번 돌아보니	戀主愁腸日九回
타향의 회포와 어려움이 시작되네	異鄉懷抱苦難開
객창에서 무엇으로 한을 삭일 수 있으랴	客窓何物能消恨
화산의 나무 한 그루에 의지해 보리라	賴有花山一樹栽

2차 박재 『동사일기』 1617년

13일

더위가 찔듯하여 용광로 안에 있는 것 같았다. 미시(未時) 말에 의성(義
城)에 도착했다. 일직현부터 여기까지의 거리는 40리이다. 상사의 지대는
본현 현감 양사해(梁士海)가, 부사의 지대는 청송부사(靑松府使) 허민(許旻)
이 맡았는데, 초대하여 함께 이야기 나누었다. 이섬(李暹)이 따라왔다.

14일

맑음. 종사는 아침에 먼저 길을 나섰다. 이른 아침에 청로참(靑路站)[3]
을 향해 출발했다. 의성현에서 여기까지 30리이다. 청로참 서쪽 7리쯤에
금성산(金城山)이 있는데, 소문국(召文國)[4]의 옛터이다. 산의 남쪽에 이민
성(李民宬) 형제의 집이 있어서 삼사(三使)가 함께 방문했다. 작은 술자리
를 열었는데, 곧 파하고서 청로참에 도착하였다. 상사의 지대는 의성(義
城)이, 부사 지대는 인동부사(仁同府使) 여상길(呂相吉)이 맡았는데, 족친
(族親)이어서 초대하여 만났다.

---

3) 청로참(靑路站) : 청로(靑路)는 현재 경상북도 의성군 금성면에 있는 청로리로, 이
   곳에 참(站)이 있었다.
4) 소문국(召文國) : 경상북도 의성군에 존재했던 국가였다고 전해진다. 『삼국사기
   (三國史記)』 권2 벌휴이사금(伐休尼師今)조에 "2월에 파진찬 구도와 일길찬 구수혜
   를 좌우 군주로 삼아 소문국을 정벌했는데, 군주라는 이름이 이때 처음 시작되었다.
   〔二月, 拜坡珍仇道, 一吉仇須兮, 爲左右軍主, 伐召文國, 軍主之名, 始於比.〕"라는
   기록이 보인다.

의흥(義興)을 향해 출발했는데, 어제처럼 무더웠다. 오시(午時)에 의흥에 도착했다. 청로(靑路)에서 여기까지 25리이다. 상사 지대는 현감 이유청(李幼淸)이, 부사 지대는 군위현감(軍威縣監) 황득중(黃得中)이 맡았다. 선산(善山)의 박홍경(朴弘慶)·박이경(朴履慶) 형제와 박간(朴偘)이 와서 만났다.

3차 강홍중『동사록』1624년

5일

저녁에 의성(義城)에 당도하니, 날은 이미 어두웠다. 청송부사 이유경(李有慶)이 지대차 나와 있었다.

6일

맑음. 주인 원 이경민(李景閔)과 청송부사가 보러 왔다. 식후에 출발하여 상사종사와 함께 지나는 길에 이관보(李寬甫) 영공댁을 들르니, 이장(而壯)도 또한 한자리에 있었다. 간략한 술상이 나왔는데, 술과 안주가 아름답고 정의가 은근하여 잔을 주고 받는 사이에 만취가 됨을 몰랐다.

청로역(靑路驛)에서 점심을 먹었는데, 인동부사 우상중(禹尙中)이 지대차 와 있었다. 밤이 깊어 의흥(義興)에 당도하니, 군위현감 조경기(趙慶起)가 지대차 오고, 주인 원 안대기(安大杞)가 보러 왔다.

4차 김세렴 『해사록(海槎錄)』 1636년

8월 27일

저녁에 의성(義城)에 닿으니, 현령(縣令) 이후배(李厚培)와 영덕현령 이문주(李文柱)가 나와서 맞이하였다. 밤이 깊어서 직강 신열도(申悅道)가 와서 이야기하였다.

28일

맑음. 장령 신달도(申達道)의 두 아들이 보러 왔다. 상사와 함께 신직강을 찾아보았다. 청로참(靑路站)에 닿으니 인동부사 신경함(辛慶涵)이 와서 기다렸다. 여헌선생(旅軒先生) 장현광(張顯光)이 외손 박황(朴榥)을 보내어 행역(行役)을 위문하며, 문하(門下)의 여러 사람들이 글을 많이 보냈으므로 곧 감사하다는 글을 써 보냈다.

윤애신(尹愛信)이 억노(億奴)와 더불어 인동으로 향하였다. 저녁에 의흥(義興)에 닿으니, 현감 홍재형(洪再亨)과 군위현감 신기한(申起漢)이 나와 맞았다. 사복시 양마(司僕寺養馬) 김세춘(金世春) 등이 비변사(備邊司)의 공사(公事) 및 총이말[驄馬]·워라말[華馬] 각 1필을 가지고 서울로부터 이르렀다.

이에 앞서 쓰시마 도주(對馬島主)가 워라말을 간절히 요청하였는데, 묘당(廟堂)에서 모두 주는 것이 온편하다고 하였으나 상이 윤허하지 않았다. 이에 이르러 쓰시마 도주 평성춘(平成春)5)이 통신사를 맞이하러 나왔음을 핑계로 간절히 요구하니, 동래부사가 상께 아뢰어 비로소 윤

허를 얻었다. 역관들이 말하기를,

"총이말이 흰빛에 가까운 것은 왜인(倭人)들이 크게 꺼립니다."

하였다.

---

5) 평성춘(平成春) : 우가와 시키부(鳥川式部). 에도시대 전기의 차왜(差倭). 호행차
왜(護行差倭)로서 대조선외교를 담당하였고, 조선에서는 평성춘(平成春)으로 알려
져 있다. 1624년에는 차왜 아리타 모쿠베에(有田杢兵衛, 藤智繩)와 함께 조선에 와
서 국서의 초고를 보여주도록 요청하여 쓰시마 측에서 요구한 '현군(賢君)'의 수정과
'폐방(弊邦)' 이하 16자의 삭제를 조선조정으로부터 허락받았다. 1636년 통신사를
호행하기 위해 차왜 아리타 모쿠베에와 함께 서계를 지참하고 반종 8명, 격왜 40명,
수목선(水木船) 격왜 10명을 이끌고 왔다. 이때 통신사를 맞이하러 나왔음을 핑계로
화마(華馬)를 간절히 요청하여 결국 인조(仁祖)의 윤허를 얻어냈다. 1637년 2월 차
왜 아리타 모쿠베에와 함께 반종 3명을 거느리고 통신사를 호환(護還)하기 위해 바
다를 건너왔다. 1643년 4월 27일 정사 윤순지(尹順之)·부사 조경(趙絅)·종사관 신
유(申濡) 등 삼사신이 도쿠가와 이에쓰나(德川家綱)의 탄생을 축하하기 위해 부산을
출발 쓰시마 와니우라(鰐浦)에 도착하였을 때, 도주 소 요시나리(宗義成)의 뜻이라
며 문안을 올리고 술과 과실을 바치며 육지에 내려 쉬기를 청하였다. 그러나 통신사
일행은 밤이 늦었으므로 사양하고 배 위에서 잤다. 1648년 서계를 지참하고 청나라
사정을 탐지하기 위해 조선에 건너와 경접위관의 접대를 받았다.

6차 조형 『부상일기(扶桑日記)』 1655년

5월 2일

참관인 영해 수령과 더불어 잠깐 이야기를 나눈 뒤 즉시 출발하여 저녁엔 의성(義城)에서 숙박하였다.

3일 (의성에) 머무름.

주수 윤유근(尹惟謹)과 참관인 인동부사 이정즙(李廷楫)이 술자리를 마련하였다. 밤이 되어서야 파했다.

4일

아침 일찍 의성을 출발하여 청로(靑路)에서 점심을 먹었다. 영덕현령 박정(朴炡)[6]이 참에 나왔으며, 군위현감 남득우(南得雨)가 와서 뵈었다.

저녁에는 의흥(義興)에서 숙박하였다. 칠곡부사 이준한(李俊漢)이 와서 뵈었다.

---

6) 난상에 "원본 공백(原本空白)"이라는 주가 있다.

7차 홍우재 『동사록』 1682년

5월 17일

의성현에 이르러서 유숙했는데 인동현과 본현에서 지대했다(본현에서 종행인을 제공했다). 경신년(1680, 숙종 6) 접위시(接慰時)의 영리(營吏)였던 인동(仁同) 유시웅(劉時雄)이 와서 문안하였다.

18일

청로역(靑路驛)에서 점심 먹었는데 영덕·지례(知禮)·군위 등의 고을에서 지대했다(군위에서 종행인을 제공했다). 낮에 의흥(義興)에 이르러 유숙했다. 청송·비안(比安)·본현 등 고을에서 지대했는데(비안에서 종행인을 제공했다), 음식이 매우 정결했고 모든 일에 공손했다. 영덕의 사람편에 정판서(鄭判書) 앞으로 편지를 보내고 겸하여 필묵과 약물(藥物)을 드렸다(정판서는 정익(鄭榏)으로, 귀양살이를 하고 있었다).

8차 임수간『동사일기』1711년

5월 26일

의성(義城)에서 잤다. 종사관(從事官)과 함께 문소루(聞韶樓)에 올라 풍
악을 베풀었는데, 청송(靑松) 기생 두 사람의 칼춤[劍舞]이 볼 만했으니 쌍
검(雙劍)을 던졌다가 한 손으로 받는 그 솜씨가 참으로 뛰어난 기예였다.

27일

의성(義城)을 떠나 청로역(靑路驛)에서 점심을 먹었다. 진보(眞寶) 이증
휘(李增輝)가 나와 대기하다가 보러 왔다.

저녁에 의흥(義興)에서 잤는데, 주인 이성곤(李聖坤)이 지대차 보러
왔다.

8차 김현문『동사록』1711년

5월 26일

낮에 일직참(日直站)에 이르자, 영해와 예안에서 지대하였다.

점심을 먹은 뒤에 떠나, 저녁에 의성에 이르러 종사관과 서로 만났다. 들으니, '왜인들이 관백(關白)에 대해 대군(大君)이라는 칭호를 고쳐 국왕(國王)의 칭호를 회복하기를 청했다'고 한다.

삼사(三使)가 문소각(聞韶閣)에서 모였는데, 부사가 지대하였다. 청송(靑松)에는 칼춤을 잘 추는 기생 2명이 있어 쌍검무(雙劍舞)를 추게 하였는데, 그 검법이 매우 기묘하였다. 이따금 공중을 올려다보며 칼을 던져 두 개의 칼이 교대로 내려올 때에 한 손으로 모두 잡았다. 백번 던져 한번도 실수하지 않았다. 빠르게 번쩍이는 모습이 사람을 두렵게 하니, 참으로 기이한 구경거리였다. 본현과 청송에서 지대하였다.

이날은 70리를 갔다.

27일

새벽에 출발하여 청로참(靑路站)에 도착하였다. 영덕·진보·비안 등의 세 고을에서 지대하였다. 점심을 먹은 뒤에 정사가 학산서원(鶴山書院)에 들러 전배(展拜)하였다. [육신(六臣)과 기사년의 삼충신(三忠臣)을 모신 곳이다.]

저녁에 의흥현에 도착하여 머물러 잤다. 성주와 본현에서 지대하였다.

이날은 50리를 갔다.

9차 홍치중 『해사일록』 1719년

4월 21일. 의성(義城)에 도착.

저녁에 의성에서 잤다. 고을 현령 이구숙(李久叔)과 인동현감 김우화(金遇華)가 모두 왔기에 만나보았다.

밤에 구숙과 함께 문소루(聞韶樓)에서 이야기를 나누었다.

이날은 70리를 갔다.

22일. 의흥(義興)에 도착.

동헌에 들러 구숙(久叔) 부자를 만났다가 구숙의 아들 편에 서울로 편지를 부쳤다. 육신(六臣)의 사당을 찾아가 절하였다.

낮에 의흥에 도착하였다. 고을 현감 조여겸(曹汝謙)이 왔기에 만나보았다. 박태휘(朴泰彙)가 과거에 급제했다고 와서 인사하였다. 역졸(驛卒) 한 명이 곽란(癨亂)[7]이 일어났는데, 길을 가는 중이어서 살리지 못했으니 참담했다. 고을 수령에게 지시하여 목필(木匹)을 지급하게 하였다. 길가에서 염빈(斂殯 입관하여 안치함)을 하고, 거기서 유숙하였다.

이날은 50리를 갔다.

---

7) 곽란(癨亂) : 음식이 체하여 토하고 설사하는 급성 위장병.

11차 조엄 『해사일기』 1763년

8월 14일

의성(義城)에 닿았다.

저녁에 의성현에서 자는데 그 고을 원 김상성(金相聖)이 들어와 뵈었다.

이날은 70리를 갔다.

15일

신녕(新寧)에 닿았다.

새벽에 세 사신 및 일행들과 함께 관복(冠服)을 갖추고 망궐례(望闕禮)를 행하였다.

낮에 의흥현(義興縣)에서 쉬는데, 그 고을 원 김상무(金相茂)와 성주목사(星州牧使) 한덕일(韓德一)이 들어와 뵈었다.

11차 남옥 『일관기』 1763년

8월 14일

포시에 의성에 도착했다. 본현에서 지공했다. 의성현은 옛날 소문국(昭文國)이었는데, 봉(鳳)이 날아가는 형상이다. 그래서 봉이 산천을 감싸 안은 형상으로 쌓은 돈대(墩臺)가 많고, 누각들도 모두 '봉(鳳)'으로 이름을 지었다.

객관은 문소루(聞韶樓)가 가장 훌륭하다. 창청(敞川) 서쪽 언덕에 능파정(凌波亭)과 구성정(九城亭)이 있는데, 다 올라가 보지 못했다.

이 날은 70리를 갔다.

15일

새벽에 망궐례(望闕禮)를 행했다. 반열이 종사공 아래였다. 서기·역관·의원·사자관·화원(畫員)이 차례로 자리에 나아갔다. 본관(本官) 김상성(金相聖)과 유곡찰방, 창락찰방 강정하(康正夏)는 서쪽 뜰에서 참예했다. 본관과 잠시 이야기했다.

점심은 의흥현에서 먹었다. 성주에서 지공했다. 성주현감 김상무(金相戊)와 이야기했다.

11차 원중거『승사록』1763년

8월 14일

점심은 일직창(日直倉)에서 먹고(30리), 의성에 머물렀다(40리). 이날은 70리를 갔다.

○ 율치(栗峙)에 올라 의성 지경에 들었는데, 산은 높고 크며 물은 깊고 완만했다. 들판이 넓고 기름지며 풍속이 검소하고 아껴 쓸 줄 아니, 살아가는 생리(生理)가 결핍하지 않은 게 마땅하다. 의성 지경부터는 돌이 청흑(靑黑)빛인데 옆으로 결이 나 있고, 흙은 붉은빛으로 채워져 있었다. 인동(仁同)애서 지웅하였다.

15일

새벽에 망궐례(望闕禮)를 행하였다.

점심은 의흥(義興)에서 먹고(55리) 신녕에서 묵었다(40리). 이날은 95리를 갔다.

○ 나라에서 내린 말을 타고 나라에서 주는 음식을 먹고 나라에서 주는 잠자리에 묵으며 임금의 명령이 내 몸에 내려 있으므로, 향을 올리고 망궐례를 행하니 북쪽에 계신 주상전하를 그리는 마음이 조금은 위로가 되었다.

의흥에 들어 시온의 차소에 앉아서 적고 열악한 음식에 대해 불만을 토로했다.

1764년 6월 28일 (귀로)

(신녕에서) 점심을 먹은 뒤에 먼저 떠나 의흥에 이르렀다. 이곳 현감인 김상무(金相戊)는 작년에 부산에 이르렀을 때에 때마침 내가 일이 생겨 범어사(梵魚寺)에 갔다가 돌아오자마자 숙소로 나를 방문했었고, 그의 아들 또한 와서 문안했었다. 그런 까닭에 바로 동헌(東軒)으로 들어가서 한가하게 담소를 나누고 연당(蓮堂)으로 나와서 묵었는데, 매우 반갑게 맞아주었다.

퇴석(退石, 김인겸)이 사랑했던 기생 계애(桂愛)를 학수고대하다가 오지 않는다는 소식을 듣고는 자못 낙심한 얼굴빛을 띠었다. 왜국의 부채를 꺼내어 주고 흥복에게 또 말린 가다랑어 세 덩이를 주었다. 퇴석은 자기 입으로 "이번 사행에서는 훼절(毁節)하지 않았다"고 말했다. 부산에서 출참할 때 계애(桂愛)와의 일이 있었고, 비안에서 출참할 때도 현감이 '이와 같이 사랑한 기생이 있었다'고 전하였다. 그런데도 도리어 얼굴을 마주하고 우리를 속이니, 가증스럽고도 가증스럽다.

저물 무렵부터 이경(二更)까지 소나기가 내려, 시냇물이 불어 넘쳤다.

11차 김인겸 일동장유가 1763년

8월 14-15일

의성 가 숙소하고 사십리 의흥(義興) 가서

동헌으로 바로 가니 구정(舊情)이라 반겨하네.

장기판 내어놓고 세 판을 마친 후에

사행(使行)이 온다커늘 사차(謝次)8)로 나오니라.

이보령(李保寧) 자문9)이가 "정묘년(1748) 일본 갈 때

여기 기생 수청(守廳)하여 딸 하나가 있다"하고

내려올 때 간청하되 "속신(贖身)하여10) 달라"커늘

들으매 측은하여 말 내리며 물어보니

"시년(時年)이 십오세요 비장(裨將) 차모(茶母) 정했다"네.

욕볼까 불쌍하여 내 차모(茶母) 상환하여

급급히 불러다가 차담상(茶啖床) 내어주고,

자문(資文)의 말 다 전하니 우는 거동 참혹하다.

원(員)다려 이 말하고 "떼어 주라" 간청하니

"대비(代費)11) 주면 면역(免役)하지 그저는 못한다"네.

---

8) 사차(謝次) : 인사하기 위하여

9) 자문 : "이보령 자문"은 보령현감 이자문이라는 뜻인데 실록이나 문헌에서 확인되지 않는다.

10) 속신(贖身) : 종이나 기생을 명부에서 풀어 양민이 되게 하는 절차. 속량(贖良)이라고도 한다.

11) 대비(代費) : 천민을 양민으로 신분을 바꿀 때에 대신 내는 몸값.

제 어미 일랑(一娘)[12]이는 병비(兵裨)로 못 오기에
"동래(東萊)로 오라" 하고 신녕으로 바로 오니

일본 필담집 『동사여담』에 실린 김인겸 초상

---

12) 일랑(一娘) : 이자문의 딸을 낳은 기생의 이름인 듯하다.

영천

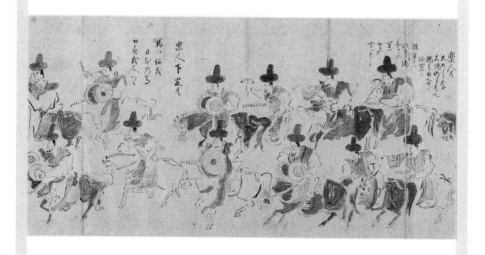

사행단이 갑현을 넘어서 신녕에 도착하면 신녕현 객사에 여장을 풀고나서, 타고 온 말은 매양리의 장수도역(長水道驛)으로 보냈다. 장수도역은 200여 명의 인원이 50여 필의 크고 작은 말들을 관리하던 곳으로, 청통에서 조역까지 14개의 속역을 다스리는 찰방이 관장하였다. 지금은 관가나 마장(馬場) 등의 흔적은 다 사라지고 역참에서 사용하던 관가샘만 남아 있다. 영천시에서 2014년에 관가샘을 중심으로 마을 벽에 통신사 행렬의 벽화를 그리고, 필자가 조선통신사와 관련한 특강을 하였다.

신녕 장수도역 관가샘

관가샘 마을 벽에 통신사 행렬을 그리는 화가

　사신들이 여장을 풀었던 신녕현 객사(서헌)는 현재 신녕초등학교 자리이며, 건너편 언덕에 환벽정(環碧亭)이 남아 있다. 경치가 아름다워 상사가 서헌에 들고, 다른 사행원들이 동헌에 들 정도였다. 정자 누마루에 오르면 사방이 시판으로 가득한데, 1636년 통신사행의 부사 김세렴도 환벽정의 많은 시판에 놀라움을 금치 못했다.

　통신사 초기에는 충주·안동·경주 등지에서 전별연을 베풀다가, 차츰 대구 감영에서 가까운 영남대로의 길목 영천에서 한 차례 전별연(餞別宴)을 하게 되었다. 한양을 떠나 여러 갈래 길로 나뉘어 내려오던 사행원들이 영천 객사에 모두 모이면 경상감사가 조양각(朝陽閣)에서 전별연을 베풀고 남천 가에서 마상재(馬上才) 시연(試演)을 했는데, 주변 고을에서 수천 명이 모여드는 장관이었다. 조양각은 영천시 문화원길 6, 금호강 남천의 언덕에 남아 있는데, 고려말(1368년)에 창건하고 명원루(明遠樓)라 하다가

마상재를 시연하는 조양각

임진왜란으로 소실된 것을 1638년에 중건하면서 조양각 편액을 걸었다. 1742년 중창한 뒤에는 서세루(瑞世樓)라는 편액도 걸었다. 조양각에는 102건의 시판이 남아 있으며, 경상북도 유형문화재 제144호이다. 지금도 해마다 이 자리에서 마상재를 시연하고 전별연을 공연한다.

김성일 『해사록』 1590년

○ (3월) 27일 신녕관에 도착하다. 차운하여 죽헌에 쓰다. 2수.

푸른 대 만 그루가 구름에 닿을 듯	琅玕萬箇拂雲溪
칼 뽑은 듯한 기개가 낮았던 때 있으랴	劍拔何曾氣格低
천 리 나그네 오니 봄도 다하려는데	千里客來春欲盡
수풀 너머 숨은 새는 누굴 위해 우짖나	隔林幽鳥爲誰啼

자리 아래 맑은 시내 언 듯 흐르지 않고	席下淸川凝不流
영웅은 사라졌건만 달은 부질없이 머물러 있네	英雄鳥過月空留
이별노래 한 곡조 찾을 곳 없기에	陽春一曲無尋處
이 분(대나무)께 물으니 이 분 또한 시름하네	却問此君君亦愁

돌아가신 약봉 형님(金克一)께서 (신녕관에서) 쓰신 시가 있는데 지금
와서 살펴보니 시판이 없어졌다. 아! 절묘한 시를 세상에서 어찌 알랴.
애석하구나.

○ 약봉의 시는 다음과 같다.

겨울 시내에 싸늘하게 바람이 불고	颯颯寒溪風
마른 대나무에 쓸쓸하게 비가 내리네	蕭蕭枯竹雨
마당 쓰는 소리에 꿈에서 놀라 깨니	夢驚掃地聲
낙엽이 무수히 떨어졌나 보네	落葉應無數

1차 경섬 『해사록』 1607년

1월 28일

흐림. 군위현을 떠나 소계역(召溪驛) 냇가에서 점심을 먹었는데, 인동부사 유승서(柳承瑞)가 출참(出站)하였다.

신시(申時)에 신녕현(新寧縣)에 들어갔더니, 현감 정장(鄭樟)이 차사원(差使員)으로 서울에 올라갔고, 청송부사 이영도(李泳道)가 병정지대관(竝定支待官)으로 현에 당도해 있기에 계당(溪堂)에서 조용히 얘기를 나누었다. 들으니, "상사와 종사는 오늘 의성에 도착했다"고 한다.

29일

맑음. 신녕현을 떠나 오시(午時)에 영천군에 도착하였다. 주수(主倅) 황여일(黃汝一)·지응관(支應官) 고령현감 신수기(申守淇)·대구판관 김혜(金憲)와 모여 얘기하였다.

저녁에 본도의 방백(方伯) 유순지(柳詢之)와 도사 황근중(黃謹中)이 본군에 들어왔다. 방백이 있는 처소에 갔다가 거기서 도사·영천군수와 함께 방에서 술자리를 베풀었다. 밤이 깊었는데 몹시 취해 부축을 받으며 처소로 돌아왔다.

성현찰방(省峴察訪) 윤기삼(尹起三)이 와서 얘기를 나누었다.

2월 1일

맑음. 영천군에 머물렀다.

오시에 상사가 종사와 더불어 신녕에서 본군에 도착했기로 즉시 가서 만나보고, 이어 방백과 모여 술을 나누었는데, 밤에야 끝났다. 청송부사가 연향관(宴享官)으로 왔다.

2일

맑음. 영천에 머물렀다.

방백이 연향례(宴享禮)를 성대히 베풀었는데, 도사와 청송·영천·대구 세 고을 원이 들어와 참석하였다.

3일

맑음. 아침에 방백이 있는 처소에 모여 술자리를 베풀었는데, 몹시 취하였다.

1차 장희춘『해동기』1607년

1월 29일

의흥을 출발하여 신녕현(新寧縣) 객관(客館)에 당도했는데 유구헌(流構軒) 가까이에 있었다. 유구헌은 기암(奇巖)을 마주하였는데 기암 위에는 오죽(烏竹)이 무성하였다. 대나무 아래에 넓은 바위가 있었는데, 10여명 정도 앉을 수 있고 매우 정갈하였다. 송명숙(宋明叔)과 함께 정사를 따라 나무를 부여잡고 벼랑을 타고 올라가 앉아 정담을 나누었다. 잠시 후 정사가 홀연 아름다운 풍광에 대한 감흥을 말하며 한편으로 행역(行役)의 고단함을 깊이 탄식하였다.

2월 1일

신녕을 출발하여 영천군(永川郡)에 당도하였다. 정사·종사관과 부사가 만났다. 관찰사 유상공(柳相公)[1]이 정사의 객관에 당도하였다. 종행(從行)으로 하여금 각 관아의 기악(妓樂)을 명원루(明遠樓)에 모이게 하여 성대한 잔치를 베풀었다.[2] 밤이 깊은 뒤에야 잔치가 파하였다.

---

1) 당시 경상도 관찰사는 유순지(柳詢之)였다.
2) 각기 다른 길로 오던 정사·부사·종사관이 영천에서 만나고, 경상도 관찰사도 대구에서 영천으로 와서 왕을 대신하여 전별연을 베풀었다.

2차 오윤겸 『동사상일록』 1617년

○ 신녕 죽각에서 부사의 운에 차운하다 부사는 전 전한(典翰) 박재(朴榟)
이다.

옛사람이 죽각이라 이름 지은 것	古人名竹閣
오늘 보니 헛말이 아니구려	今日見非虛
고운 잎은 파랗게 어우러지고	嫩葉翠交後
갓 돋은 새 줄기는 옥이 빼어난 듯	新竿玉秀初
하룻밤 속된 생각 맑게 해 주니	能淸一夜意
십년 글 읽음보다 오히려 나아라	較勝十年書
여월망정 이 분[此君] 없이 어찌하리	可瘦寧無此
집을 옮겨 여기서 살고 싶구나	移家便欲居

2차 박재『동사일기』1617년

6월 15일

진시(辰時)에 출발하였다. 오시(午時)가 끝날 무렵에 신녕(新寧)에 들어
갔다. 의흥에서 여기까지 43리이다.

상사는 서헌(西軒)[3]으로 들어가고 나는 동헌(東軒)에 자리 잡았는데,
서헌에 천석죽림(泉石竹林)의 경치가 있기 때문이었다.

상사의 지대는 본현 현감 권위(權暐)가 맡았고, 부사의 지대는 신안
현감(新安縣監) 김중청(金中淸)이 맡았다.

비가 오기 때문에 부사 일행의 하인이 대문 안에 가교(駕轎)를 들여
놓았는데, 감영의 아전들이 대문에서 비를 피하고자 하여 역졸(驛卒)을
위협해 가교를 내놓도록 하였으나 역졸이 응하지 않았다. 감영의 아전
들이 상사에게 들어가 하소연하니 상사가 가교를 옮기라고 명하였다.

아전들이 "역졸이 양마(養馬 : 말을 관리하는 하급관리)에게 나무를 징수
했다"고 무고하기에, 종사관(從事官)에게 들어가 말하였다. 그러자 종사
관이 간교한 아전들을 엄히 형추(刑推)하였다.

저물녘에 신안(新安)과 신녕(新寧)의 두 수령이 삼사(三使)에게 술을 올
리려고 하였는데, 간절히 청하기에 함께 참석하였다.

---

3) 관아와 떨어져 있는 객사를 가리킨다.

16일

종사가 먼저 출발하였고, 상사와 부사가 이어서 길을 나섰다. 진시(辰時) 말에 비가 흩뿌리다가 다시 개었다. 오시(午時)가 끝날 무렵 영천(永川)에 도착했는데, 신녕과의 거리는 50리이다.

상사는 객사로 들어갔고, 부사는 서쪽 별관으로 들어갔다. 상사의 지대는 본군(本郡) 수령 남발(南撥)이 맡고, 부사의 지대는 영덕현감 이정(李挺)이 맡았는데, 대접이 매우 훌륭했다.

상사의 인마차사원(人馬差使員) 장수찰방, 부사 일행의 인마차사원(人馬差使員) 송라찰방 김덕일(金德一), 도차사원(都差使員) 자여찰방 송영업(宋榮業)이 모두 와서 안부를 여쭈었다.

이날 밤에 비가 내렸다. 송라 병방(松羅兵房)에서 군관(軍官) 신경기(申景沂)에게 비단 1필을 뇌물로 주어 역마(驛馬)를 꾀하고자 하였다. 이에 신경기가 종사에게 고하여 그 사람을 형추(刑推)하였다.

17일

판서 선조께 제사를 올리는 일로 동틀 무렵 말을 타고 상사보다 먼저 출발했다. 앞 내를 건너고 시골길을 따라 유령(柳嶺)을 넘어 원곡(原谷)에 도착했다. 의흥현에서 여기까지는 25, 6리이다.

산세가 웅장한 건좌손향(乾坐巽向 : 서북 방향에서 동남 방향을 바라보는 좌향)의 땅에 비석이 그대로 남아 있었다. 유학(幼學) 정완윤(鄭完胤)과 첨지 정희윤(鄭希胤), 희윤의 아들 현도(顯道), 헌도(憲道), 미도(味道) 등이 와서 제사에 참석했다. 송라찰방과 영덕현감이 모두 그들을 따라 왔는데, 제물은 영덕에서 준비한 것이었다.

3차 강홍중 『동사록』 1624년

9월 7일

조반 후에 상사와 더불어 떠났다. 종사관은 종[奴]의 병으로 인하여 혼자 머물러 있었다. 저녁에 신녕에 당도하니 성주목사 강복성(康復誠)은 병으로 오지 못하고, 다만 감관(監官)을 시켜 나와 기다리게 하였다.

상사와 더불어 서헌(西軒)에 오르니, 작은 시냇물이 앞을 두르고 처마는 날아갈 듯한데, 만 포기 무성한 대[脩篁]는 숲을 이루어 소쇄(瀟灑)한 운치가 자못 감상할 만하였다. 주인 현감 이유겸(李有謙)을 불러 술잔을 들며 담화를 나눴다.

8일

조반 후 출발하여 포시(晡時)에 영천에 당도하니, 군수 이돈(李墩)은 병으로 휴가 중이라 나오지 않고, 대구부사 한명욱(韓明勗)이 지대차 왔다. 조전(曺輇)이 보러 왔다.

9일

명욱이 술자리를 베풀어 상사·종사관과 더불어 모두 모였다. 신녕현감이 영천 겸관(永川兼官)으로 또한 참석하였는데, 여러 기녀(妓女)들이 앞에 나열하고 풍악을 울리며 잔을 돌려 권하므로, 마음껏 마시어 만취가 되었다.

4차 김세렴 『해사록』 1636년

8월 30일

일찍 출발하여 오전에 영천에 도착하였다. 군수 한덕급(韓德及)·합천현감 김효건(金孝建)·송라찰방 이중광(李重光)·사근찰방 정사무(鄭思武)·성현찰방 김감(金鑑)이 맞이하였다.

외사촌 아우 허무(許)가 매원(梅院)에서 이르러 이미 6일을 머물러 있었다. 현풍(玄風)의 선비 박민수(朴敏修)·박동형(朴東衡)·조함세(趙咸世)·곽의창(郭宜昌)·곽혜(郭溘)가 이르고, 생원 이도장(李道章)이 성산(星山)에서 이르러 이야기를 나누었다.

상사와 함께 조양각(朝陽閣)에 올라가서, 함께 가는 마상재(馬上才) 두 사람에게 성 밖 냇가에서 달리게 하니, 섰다가 누웠다가 거꾸로 섰다가 옆으로 붙었다가 하여 날쌔기가 형용할 수 없었다. 구경꾼이 담을 두르듯이 많았다.

종사관이 하양(河陽)에 도착하여 작은 종기를 앓는다기에, 역관 최의길(崔義吉)이 침놓는 법을 알므로 즉시 달려가게 하였다. 밤에 여러 손님들과 함께 잤다.

9월 1일

영천(永川)의 선비 박돈(朴暾) 등 수십 인이 와서 보고, 이어 조지산(曺芝山)[4]의 비문(碑文)을 지어달라고 요청하였다. 내가 사양하다 못하여 사행의 일을 끝내고 초안하겠다고 약속하니, 여러 선비들이 드디어『포은선

생집(圃隱先生集)』을 보내 주었다.

현풍의 여러 손님들이 모두 돌아가고, 외사촌 아우는 같이 갔다. 비를 무릅쓰고 길을 떠났다.

지금도 남천 가에서 마상재를 시연하고 있다.

---

4) 조지산(曺芝山) : 지산은 조호익(曺好益, 1545~1609)의 호. 퇴계 이황의 제자로 임진왜란에 공을 세워 정주목사까지 지냈으며, 영천에서 많은 제자를 가르쳤다. 영천시 대창면 산광리에 고택이 남아 있으며, 대창면 용호리 도잠서원에 제향되었다.

6차 조형 『부상일기(扶桑日記)』 1655년

5월 5일

아침 일찍 의흥을 떠나 신녕에서 점심을 먹었다. 대구부사 이정(李淀)이 참에 나왔으며, 주수 김정(金㙉)이 와서 뵈었다. 임천(林川)의 노비 이금(里金)도 와서 문후한 지 여러 날 되었다.

저녁에는 영천에서 숙박하였다. 본도(本道) 감사 남훤(南翧)이 와서 문후하기에 그와 더불어 술자리를 갖고 이야기를 나누다 밤이 깊어서야 마쳤다. 참관인 청도(淸道) 수령 심장세(沈長世), 고령(高靈) 수령 박세기(朴世基), 주수 이구(李昫)가 들어와 뵈었는데 장수찰방 황택(黃澤)이 배행(陪行)하였다.

6차 남용익 『부상록(扶桑錄)』 1655년

5월 17일에 신녕에서 잤는데 안찰사(按察使) 남선(南翻)이 와서 전송하였다.

○ 영천 객관(客館)에서 판상(板上)에 걸린 포은(圃隱) 선생의 시를 차운하여 본 고을 군수(郡守) 후(昫)에게 주다

높은 다락을 때려 부순 지 몇 해 만인가	高樓槌碎幾年回
눈에 가득하던 가시밭이 이제야 열렸구나	滿目荊榛日夕開
이 땅이 어진 원을 기다려 명승지가 되고	此地終須良宰勝
나의 걸음이 또 낙성 즈음에 닿아 왔네	吾行又趁落成來
아득한 바다 섬 뗏목 천릿길	滄茫海島槎千里
질탕한 거문고와 노랫소리에 술이 한 잔	爛熳琴歌酒一盃
아침 햇빛 새 지붕에 비추는 것 사랑스러워	爲愛朝陽射新霤
가는 말이 떠나면서 다시 머뭇거리네	征軺臨發更遲徊

주인이 객관을 중창(重刱)하고 작은 잔치를 차렸으므로 시에 이런 글귀가 있었다.

6차 이동로 『일본기행』 1655년

5월 17일

청화탕을 복용하였다. 식후에 일행이 신녕현에 도착하였는데, 벌써 방백이 아들 진사를 데리고 나와 있었다. 모두 일찍이 종사관과 만나기로 약속했기 때문이었다.

누가 동벽(東壁) 쪽에 앉을 건지 아니면 동헌(東軒) 쪽에 앉을 것인지를 놓고 서로 양보하다가, 억지로 강제한 뒤에야 방백이 동벽 쪽에 앉았다.

동방(東房)에서 잤다. 방백이 술자리를 벌려놓고 술을 권했으나 종사관 앞이라서 굳이 마시지 않았더니, 방백이 혼자 술을 마신 후에 나를 불러 달랬다.

> "그대가 이미 내 친구 종사관과 함께 길을 가는 사람이니, 함께 술잔을 나누는 기쁨이 있는 것이 어찌 기쁘고 위로되지 않겠는가?"

라고 하며 술을 보내 준 뒤에 절선(節扇) 두 자루를 주었다. 군관에게 두 자루, 상하 동관(同官)에게도 똑같이 지급하였다.

18일

식사를 한 후에 방백이 돌아갔다. 진시(辰時)가 끝나갈 무렵에 출발하였다.

영천에 이르러 유숙하였다. 태수 이적(李旳)이 종사관을 입견하였다.

작은 술자리를 베풀어 주고 또 기악(妓樂)을 올렸다. 나는 술을 사양하고 마시지 않았으나 여러 잔이 오고 간 후에야 끝났다.

　나는 조양각(朝陽閣)으로 나가 촌마(村馬) 유학(幼學) 성완(成抏)을 불렀다. 그는 이전에 나와 가깝게 지내던 사이다. 내게 종이 한 속(束)을 부탁하기에 찾아주었더니 아침에 돌아갔다.

조양각을 중건한 뒤에 남천 쪽에 '서세루' 편액을 걸었다

7차 홍우재 『동사록』 1682년

5월 19일

신녕에서 점심 먹고 이어 유숙했었는데, 개령(開寧)·칠곡에서 지대했다. 칠곡에서 종행인을 제공했다. 개령현령인 남치훈(南致薰)이 쌀과 콩 각각 5말씩 제공했다.

○ '그들[倭人]이 사행이 빨리 오기를 재촉한다'고 동래에서 기별이 급히 왔다.

20일

신녕에서 영천을 향하여 일찍 출발했다. 영천에 이르러 점심 먹고 유숙했는데 고령과 본군에서 지대했다. 본군에서 종행인을 제공했다.

순사(巡使) 관찰사 이수언(李秀彦)이 맞이했는데, 삼사가 관찰사와 더불어 조양각(朝陽閣)에 모여앉아 오순백(吳順白)과 형시정(邢時廷)을 시켜 남천(南川)5) 가에서 마상재(馬上才)를 시험케 했다. 이를 보려는 자들이 모래사장에 분주하게 구경하러 쫓아와 보았다.

순상(巡相)이 함양·산음(山陰)·합천·삼가(三嘉)·안음(安陰)·거창 등의 지방관으로 하여금 사사로이 전별연(餞別宴)을 마련토록 했다. 행중(行中)에 연회상을 차려 보냈다.

파발(擺撥) 편에 집안에 편지를 보냈다.

---

5) 금호강의 남천과 북천이 영천에서 만나는데, 조양각은 남천 언덕 위에 서 있다.

청도에 귀양 와 있는 친구 방필제 여안(方必濟汝安)⁶⁾의 편지를 받아
보았다.

○ 삼행[三行]이 말을 바꾸어 탔다. 소촌역(召村驛)에서 파발마를 내고
종행인을 보내었다.

예천 통명 역졸(通明驛卒) 권자중(權自重)·권명축(權明丑)과 옹천역(瓮
泉驛)의 김엇봉(金旕奉)·평원역(平原驛)의 김이금(金二金) 등이 나를 배종
(陪從)한 지 이레째인데, 그 극진한 정성이 보이므로 특별히 여기에 기록
해 놓는다.

---

6) 여안은 홍우재의 동료 역관 방필제의 자(字)인데, 1680년 3월 28일 허견의 옥사에
   얽혀서 청도로 유배되었다.

7차 김지남『동사일록』1682년

5월 19일

아침밥을 먹고 떠나서 신녕에 도착하여 잤다. 이날 40리를 갔다.

20일

아침밥을 먹은 후에 먼저 떠나서 영천에 도착하여 잤다. 이날 또 역마를 갈아탔다.

본도(本道) 방백(方伯)이 아홉 군(郡)으로 하여금 각각 세 사행(使行)에게 전별 잔치를 차리도록 하여 아홉 군의 풍물(風物)이 모두 여기에 모였다. 정사의 일행에겐 합천·삼가(三嘉)에서 접대하는 것으로서 음식이 정결하고 또 풍부하다.

삼사와 방백은 객사 동헌에서 잔치를 열었는데 앉을 자리가 비좁기 때문에 잔치상을 일행의 사처[下處]로 나누어 보내고, 겸해서 위로하는 말을 보냈다. 각 관원과 노자들이 머무는 곳으로도 잔치상을 보내었다. 이것은 만 리 바닷길을 가는 것을 정중히 대접하기 때문이다.

몇 차례 술잔이 돈 뒤에 방백이 마상재를 보기를 청했다. 삼사와 방백이 모두 각각 교자를 타고 풍악과 가무를 앞세워 조양각(朝陽閣)으로 자리를 옮겼다.

오순백(吳順白)·형시정(邢時挺)에게 여러 가지로 말 위에서 하는 재주를 보이게 했더니, 누각 앞 넓은 들판에는 구경꾼이 시장바닥과 같이 많았다. 이것이 바로 객회(客懷)를 풀어 주는 것이다. 이날 40리를 갔다.

7차 홍세태 『유하집』 1682 / 1721년

○ 영천 조양각에 오르다

임술년(1682) 일본에 갈 때 연로에 지나가면서 구경한 산천의 경치 가운데 누정의 장관으로는 영천의 조양각, 밀양의 영남루, 동래의 영가대가 최고였다.

나는 40년 후 신축년(1721) 정월에 울산 감목관으로서 일이 있어서 동래에 갔다가 영가대에 올랐다. 이어 대구 순영으로 향해 밀양을 들러 영남루에 올랐다. 다시 김천으로 가서 군수를 만나고 돌아오는 길에 영천에 가서 조양각에 올랐다. 산천과 경치를 살펴보니 마치 꿈속의 일 같아 굽어보고 우러러보고 하면서 감탄하였다. 입으로 장구를 읊고서 기록한다.

내가 옛날 일본 갈 때에	我昔東作日本遊
옥절 따라 남쪽 고장에 왔었지	身追玉節來南州
아침에 조양각 오르고	朝登朝陽閣
저녁에 영남루에 올라갔었지	暮上嶺南樓
영가대는 백 척이나 높아	永嘉之臺危百尺
아래에 큰 바다 만 리 갈 배를 매어놓았지	下繫滄溟萬里舟
돌아와보니 풍경이 꿈 속만 같아	歸來物色如夢裏
오늘 아침 다시 여기 왔다 말하지 마오	不謂今朝更來此
긴 내가 콸콸 흘러 얼음 비로소 녹고	長川活活冰始泮

해는 물결에 밝게 녹아 비단처럼 일렁이네　　　　日融波明漾文綺

먼 산은 물러서서 아는 얼굴인 듯　　　　　　　遙山却立如識面

당시 취한 중에 본 일을 기억하는 듯　　　　　猶記當時醉中見

고운 기생 아름다운 곡조 이미 황천으로 갔으니　青娥錦瑟已黃土

사십년 사이에 인사가 변했구나　　　　　　　四十年來人事變

천지가 적막한데 이 늙은이만 남았으니　　　　乾坤寥廓餘此翁

말 멈추고 오르는 일을 누구와 함께 하랴　　　駐馬登臨與誰同

지금의 내 마음 아는 이 없어　　　　　　　　無人見我此時意

외딴 구름 남쪽 가고 기러기는 북쪽으로 돌아가네 南去孤雲北歸鴻

○ 밤에 조양각에 오르다

밝은 달이 오히려 나그네 같아　　　　　明月還如客

만날 기약이 없구나　　　　　　　　　相逢卽不期

젊은 시절 왔었던 곳을　　　　　　　少年曾到處

오늘 밤 홀로 올랐네　　　　　　　　今夜獨登時

들 풍경은 시냇물이 그려내고　　　　野色川溪寫

가을 소리는 초목이 알고 있네　　　　秋聲草木知

붉은 난간에 백발이 어리니　　　　　朱欄映白髮

옛 자취 더듬다가 슬픔이 이네　　　　撫跡却生悲

8차 조태억『동사록』1711년

○ 신녕의 환벽정에서 현판의 운을 차운하다.

푸른 대가 푸른 벽처럼 둘렀고	翠篠圍蒼壁
붉은 난간 파란 허공에 일렁이네	朱欄漾碧虛
염천에 비가 지나간 후	炎天過雨後
멀리서 온 나그네 시원한 건 처음이네	遠客納凉初
몇몇이 모이자마자 술동이 여니	小集仍開酌
고상한 얘기가 책 읽기보다 낫구나	高談勝讀書
조양각이 또 가깝다고 들으니	朝陽聞又近
가는 곳마다 멋진 누정에 있으리	着處好樓居

○ 조양각에서 포은 선생의 시를 차운하여 순사 유명웅께 드리다

남쪽 큰 바다 떠가면 언제나 돌아오랴	南浮漲海幾時迴
고개 넘은 나그네 심정 이날에야 펴보네	度嶺羈懷此日開
화려한 누각 멀리 푸른 벽에 나왔고	華閣逈臨蒼壁出
긴 강은 아득히 푸름을 가르며 흘러오지 않네	長川遙劃碧無來
부절 든 멋진 손님 만나서	相逢勝客豹龍節
앵무배 든 아름다운 이 취하였구나	爛醉佳人鸚鵡盃
슬프구나, 내일 아침 다시 이별할 터이니	怊悵明朝更分手
이별노래 연주하려 거듭 서성이겠지	驪駒欲奏重徘徊

8차 임수간 『동사일기』 1711년

5월 28일

40리를 갔다. 신녕에서 숙박하였다.

서헌(西軒) 뜰 곁에 시냇물이 흐르고 냇가에는 죽죽 뻗은 대나무가 무성하였다. 가운데 작은 정자가 바위에 걸쳐 지어져 벼랑 위에 있었는데, 매우 그윽한 정취가 있었다. 정사와 함께 서헌에 앉아 굽어보기도 하고 올려다보기도 하면서 얘기를 나누고 시를 읊으니 문득 객중의 괴로움이 잊혔다.

29일

영천에서 숙박했다.

순사(巡使) 유명웅(兪命雄)이 만나러 와서 조양각(朝陽閣)에서 전별 잔치를 베풀었다. 그리고 마상재(馬上才)를 구경하며 즐거움을 다하고 그만두었다.

시냇가 대숲 사이에 세워진 환벽정

8차 김현문『동사록』1711년

5월 28일

새벽에 비를 맞으며 출발했다. 신녕현에 도착해 묵었다. 신녕현 및
칠곡·산음 등 고을에서 지대하였다.

22일 보낸 한양 편지를 받아보고 비로소 집안이 안녕하다는 소식을
알았다. 삼가 보니 집안이 이산으로 행차하였다고 한다. 기쁨을 쓴 들
어찌 다 말할 수 있으랴.

이날 40리를 갔다.

29일

아침에 흐리다가 정오에 갬. 미명에 출발하였다. 영천에 도착해 묵었
다. 영천과 경산에서 지대하였다.

경상도 관찰사 유명홍 공이 옛 전례에 따라 전별연을 베풀었다. 조양
각은 9군에서 담당하였고 정사 일행은 합천·삼가에서 준비하였다. 앞
을 곳이 비좁아서 각기 잔칫상을 일행의 거처로 보냈다. 노자의 거처에
도 역시 반상을 지급하였는데, 음식이 지극히 풍성하였다.

오후에 조양각 아래 빈 들에서 마상재 시연을 구경하였다. 구경하는
자가 들에 죽 둘러있어 역시 하나의 장관이었다. 9군의 풍물이 여기에
모두 모여 있었다. 관현이 모여 연주를 하고 기녀가 공연을 하며 종일
즐기다가 촛불을 켜고서야 끝났다. 여기가 바로 객회를 푸는 곳이었다.

이날 40리를 갔다.

9차 홍치중 『해사일록』 1719년

4월 23일

신녕에서 묵었다.

여겸(汝謙)을 찾아가 인사하고 일찍 출발하여 달려가 신녕에 도착했다. 주수(主守) 김윤호(金胤豪)가 맞이하러 나왔다. 고령(高靈) 수령 이세홍(李世鴻), 거창(居昌) 수령 권경(權岡), 함양군수 족형(族兄), 칠곡 수령 장효원(張孝源)이 모두 지대 때문에 만나러 왔다.

부사와 종사관 두 동료와 함께 환벽정(環碧亭)에 올라가 방백(方伯)이 행차하기를 기다렸다. 노천(老泉)[7]이 전별연을 위해 와서 모일 것이기 때문에 구숙(久叔)[8]이 문소(聞韶)에서부터 따라와서 정자에 올라 앉아 한가롭게 이야기를 나누었다. 조금 늦게 노천(老泉)이 왔다. 밤이 들도록 놀다가 끝났다.

이날 40리를 갔다.

24일

영천에서 묵었다.

방백(方伯 관찰사)이 아침에 전별모임을 베풀어 주었다. 월성(月城)과 화산(花山)과 문소(聞韶)의 관기(官妓)들이 음악을 연주하였는데 잠시 만

---

7) 노천(老泉) : 경상도 관찰사였던 이집(李集, 1664~1733)의 자, 호는 취촌(醉村) 이다.
8) 구숙(久叔) : 의성현령 이구숙. 의성현의 신라시대 이름이 문소군이었다.

에 끝났다.

이어 종사관을 전송하고 하양(河陽)길로 떠나 부사와 함께 영천에서 잤다. 고을 수령 이첨백(李瞻伯)이 만나러 왔다. 조금 늦게 조양각(朝陽閣)에 올라가 마상재(馬上才)를 구경하였다.

이날은 40리를 갔다.

25일

아침에는 맑았다가 저녁에는 비가 내렸다. 영천에 머물렀다.

먼저 경주로 향하는 부사를 전송하였다. 베개와 이불을 조양각(朝陽閣)으로 옮겼다.

9차 김흡 『부상록』 1719년

4월 23일

40리를 갔다. 신녕현에서 묵었다.

이날 해가 뜬 후 신녕현에 도착했다. 현령은 바로 김윤호이다. 칠곡부사 장효원이 출참하여 지대하였다. 칠곡의 관속들을 모두 불러서 만나보고 물러난 후 다담을 지급하고 술을 대접하여 보냈다.

경상도 옛 관찰사 이집 씨가 사행을 전별하러 순영에서 와서 도착했다. 거창부사 권경, 산음부사 이광조, 순영의 비장 이필홍이 내방했다.

저녁 때 산음과 거창의 두 부사를 만나러 갔다가 돌아왔다. 영천과 산음에서 칠곡 사령에게 맡겨 보내, 하양현에 와서 접대하게 하여 이영중을 만나보려 하였다. 내가 어제 이 현을 지날 때 편지를 두고갔는데 서로 어긋나 만나지 못하니 애석하고 애석하다.

24일

40리를 갔다. 하양현에서 묵었다.[9]

이날 아침 일찍 관찰사를 만나러 갔다가 돌아왔다.

조반 전에 관찰사가 객사의 동헌에서 전별연을 베풀어[10] 우리를 맞이하려 하였다. 들어가 잔치에 참석하니 앉는 차례가 불편하여 사양하고

---

9) 정사 홍치중은 신녕 전별연 후에 24일 영천으로 와서 묵었는데, 김흡은 하양에서 묵었기에 영천 기록이 없다.

10) 관찰사가 신녕현에서 전별연을 베푼 것은 특이한 경우이다.

참석하지 않았다. 곧 잔칫상을 거처에 각기 보내왔고 또 일행의 노자들에게까지 보내졌다.

객사 서쪽에 작은 정자가 있는데 이름이 환벽정이다. 깎아지는 벼랑 위에 있고 아래에는 맑은 지내가 흐르며 널빤지로 다리를 만들었는데 명승이라 한다. 정자의 삼면에는 죽죽 뻗은 대나무 수만 그루가 있어 경계가 매우 그윽하고 고요하며 맑은 정취가 사랑스럽다. 관찰사께서 부채 두 자루를 보냈다.

종사관은 종씨인 정언 이명의의 유배지를 방문하기 위해 이곳에서부터 길이 갈려 밀양으로 향하고, 정사와 부사는 곧장 영천으로 향한다. 이영중에게 답장을 썼다. 영일부사 이석복이 영천에서 출참한다 하니 만날 계책이 없다. 편지를 맡겨 보냈다. 늦게 밥을 먹은 후 출발해 하양현에 도착하니 이미 해가 졌다. 현감은 이○○이다. 밤을 타 내방하였다. 산음에서도 알현하러 왔다.

9차 정후교 『부상기행』 1719년

○ 환벽정(環碧亭). 편액의 시에 차운하다.

시원하여 더운 줄 모르니	泠泠不知暑
물가의 한 누각이 텅 비었구나	臨水一樓虛
옥절 받들고 멀리 동쪽으로 가는데	玉節東行遠
푸른 산에 이제 막 비가 지났네	蒼山雨過初
새로 난 대나무 이미 보았건만	已看新籜竹
고향의 편지는 구하기 어려워라.	難得故鄉書
문득 절로 행역 근심 잊고서	忽自忘行役
초연히 이곳에 고요히 머무네	翛然此靜居

9차 신유한 『청천집』 1719년

○ 조양각 현판의 운에 차운하여 홍치중 어사께 드리다.

푸른 산 멀리 있고 물이 감돌아 흐르니	靑山迢遞水縈回
높은 누각 기대자 삼라만상 펼쳐지네	徒倚高樓萬象開
천고의 흥망에 황학이 하소연하고	千古廢興黃鶴訴
봄이 날아오르며 흰 갈매기가 오는구나	一春飛動白鷗來
벽 틈으로 밝은 달이 시 만들 구실 주고	壁間明月供文藻
주렴 밖 푸른 구름이 술잔을 마주하네	簾外靑雲對酒盃
성인은 어진 법전 베풀 생각한다 들었건만	聞道聖人思祝網
봉황의 조서는 날마다 더뎌지네	鳳凰含詔日遲徊
외딴 성 봄풍경에 머리 자주 돌리니	孤城春色首頻回
시야 멀리 아득하게 큰 들이 펼쳐졌네	極目蒼茫大野開
봉황 우는 누각에 천하의 승경이 전하여	鳴鳳樓傳天下勝
청총마 탄 손이 서울에서 왔구나	乘驄客自日邊來
만나자 백설 노래 서두르니	相逢白雪催成曲
청산이 술 들기를 돕는구나	遂有靑山佐擧盃
떠돌면서 왕찬의 등루부를 근심하니	飄泊正愁王粲賦
궁궐에서 한밤중에 일어나 배회하리	北辰中夜起徘徊

10차 홍경해 『수사일록』 1747년

12월 10일

의흥(義興)에서 점심을 먹었다. 신녕에 묵었다. 모두 90리를 갔다. 【저녁에 신녕에 도착해 환벽정(環碧亭)에 올랐다. 환벽정은 객사(客舍) 서쪽에 있다.】

11일

영천(永川)에서 묵었다. 40리를 갔다.

12일

영천에서 묵었다. 감사(監司) 남태량(南泰良)이 전례에 따라 조양각(朝陽閣)에서 전별연을 베풀었다. 【조양각은 객사 동쪽에 있다.】

11차 조엄 『해사일기』 1763년

8월 15일

새벽에 세 사신과 일행이 관복(冠服)을 갖추어 입고 망궐례(望闕禮)를 행하였다.

낮에 의흥현(義興縣)에서 휴식하였다. 그 고을 수령 김상무(金相茂)와 성주목사 한덕일(韓德一)이 알현하러 들어왔다.

저녁에 신녕현에 이르니, 고을 수령 서회수(徐晦修), 군위현감 임용(任瑢), 성현찰방 임희우(任希雨), 지례현감 송부연(宋溥淵)이 만나러 왔다. 순영(巡營)의 장교(將校)와 이서(吏胥) 오륙십 명이 만나러 왔다.

이날은 90리를 갔다.

16일

도백(道伯 관찰사) 김상철(金相喆)이 만나러 와서는 이어 조양각(朝陽閣)에서 전별연을 베풀었으니 관례이다. 내가 비록 상중(喪中)이나 가지 않을 수 없었기 때문에 풍악을 울리고 잔칫상을 받을 때엔 방안으로 피해 들어갔다. 반나절 감사와 세 사신이 이야기를 나누었다. 이는 영남에서의 성대한 모임이므로 관광하는 사람이 거의 만으로 헤아렸다.

고을 수령 윤득성(尹得聖), 칠곡부사 김상훈(金相勛), 함양부사 이수홍(李壽弘), 청도군수 이수(李琇), 개령현감 박사형(朴師亨), 장수찰방 이명진(李命鎭), 소촌찰방 박사복(朴師宓), 송라찰방 남범수(南凡秀), 안동부사가 따라왔다. 경주부윤 이해중(李海重)이 만나러 왔다.

이날은 40리를 갔다.

지금도 조양각 마당에서 해마다 전별연을 공연한다.

11차 남옥 『일관기』 『일관시초』 1763년

8월 15일

저물기 전에 신녕에 도착했다. 본현에서 지공했다. 신녕현감 서회수, 장수찰방 이명진이 만나러 왔다.

밤에 환벽정에 올라 노래를 들었다. 정자는 관아 가운데 시냇가에 있는데, 푸른 벼랑에 대나무와 나무가 덮여 깨끗하여 즐길만했다. 월색이 어슴프레한 것이 한스러웠다. 게다가 새벽에 일어날 것이 걱정되어 오래 앉아있을 수 없었다.

이날 90리를 갔다.

16일

횃불을 들고 길을 떠나 늦게 영천에 도착했다. 본군에서 지공했다.

바다를 건널 하인, 급창, 통인, 나장, 취수 등속이 일행을 맞이하고 알현했다. 의복이 선명하였는데 어릿어릿하여 우스꽝스러웠다. 관찰사 김상철 대감이 구례에 따라 일행을 전별하려고 먼저 도착해 조양각에 자리를 마련하였다. 조양각은 너른 시내에 있었는데 안계가 매우 확 트인 데다 정자 역시 널찍했다.

먼저 마상재의 시연을 구경하였다. 관찰사는 서쪽 벽에, 사신은 동쪽 벽에 앉았다. 나는 그 다음이었고 세 서기가 순서대로 앉았다. 정사의 전별연은 개령에서 제공하고, 부사의 전별연은 안음에서 제공하고, 종사관의 전별연은 칠곡에서 제공하고, 관찰사는 창녕에서 제공하니, 전례이다. 군관 이하는 당이 좁아서 줄지어 앉을 수 없었으므로 나누어 접대하였다.

음악은 경주와 안동에서, 기녀는 겸하여 의성과 영천에서 준비하였다. 전별 자리에서 「해람가(海纜歌)」를 들으니 갑자기 망연한 근심이 생겨나 즐거움이 가셨다. 소촌찰방 박사복, 송라찰방 남범수가 만나러 왔다.

월색이 매우 아름다워, 다시 사집(성대중)과 조양각에 올라 시를 지으며 기녀를 구경했다. 이날 40리를 갔다.

○ 신녕 환벽정 중추야에 함께 노닐던 영호루 운을 차운하다

흐르는 물 높은 난간 밤 되니 냉기 많고	流水危欄夜冷多
대와 오동 소리와 그림자 고요함을 더하네	竹梧聲影靜相加
높은 구름은 모두 신라국을 향하는데	高雲盡向新羅國
밝은 달 홀로 태수 집에 걸렸네	明月孤懸太守家
병드니 주는 밥 질려 바다 굴을 먹고	病厭廚供啖海橘
울적해 기생에게 산유화 부르게 하네	悶敎歌妓唱山花
풀벌레 벽 가득하고 남쪽 기러기 급히 나니	草蟲滿壁南鴻急
형제는 먼 곳에서 외국 가는 사신 배 이야기하리	兄弟遙應說遠槎

○ 조양각에서 배푼 관찰사의 전별연에서 현판에 있는 포은의
  동사 운을 차운하다

조양각 밖에 물이 서쪽으로 감돌고   朝陽樓外水西廻
남쪽 고장 감당 그늘에서 전별연이 열렸네   南國棠陰祖帳開
맑은 시내 가을 바람 의장기 아래 있고   淸溪秋風幢節下
신라의 옛 군에 관현 소리 왔구나   新羅故郡管絃來
목란배는 다투듯 돛 올리는 노래 부르고   蘭橈競唱懸帆曲
고운 음식은 사신 전송하는 술에 어울리네   綺饌還當上馬盃
눈 멀리 떠 바라보니 바다와 산 푸름 끝이 없어   極目海山靑未了
화려한 난간에 해 지니 다시 서성거리네   畵欄斜日更徘徊

'돛 올리는 노래'는 「선유악」의 일부이다.

11차 원중거 『승사록』 1763년

8월 15일

새벽에 망궐례를 행하였다. 의흥에서 점심을 먹었다. 50리. 신녕에서 묵었다. 40리. 이날 95리를 갔다. 역마를 타고 음식을 제공받으니 임금의 명이 내 몸에 있다. 향을 올리고 예를 행하니 임금을 그리는 마음에 조금 위로가 되었다.

의흥에 들어가 시온의 거처에 앉아서 음식이 형편없다고 성토하였다.

신녕에 도착하니 궁색하여 시온의 숙소로 옮겨 묵었다. 밤에 정사께서 우리 네 사람을 맞이하여 현가(絃歌)를 베풀었다. 나는 안질 때문에 먼저 나왔다. 장수찰방 이명진은 예전 동료인데 밤에 만나러 왔다. 군위에서 지응했다.

16일

새벽에 비 뿌림. 영천에서 묵었다. 40리. 숙소가 옹색하고 부족한 것이 많아 직접 말을 타고 동쪽 언덕의 궁벽한 거처로 옮겼다. 청도에서 지응하였다. 군수 이수가 이웃 숙소에 있어 만나러 갔다.

영천은 전례로 도회읍이라 칭한다. 바다를 건너는 사람은 뱃사람 외에 모두 여기에서 모이기 때문이다. 본도 감사가 전례에 따라 전별연을 베풀었기 때문에 세 사신과 감사가 조양각에 모였다. 조양각은 남쪽 고장의 명승지이다. 층층벽 위에 있는데 앞으로 큰 내와 빈 들이 있고 그 너머 산들이 점철되어 있다.

마상재 연습 때문에 관광하려는 남녀가 여러 군에서 다 모여들어 사방으로 빼곡하게 둘러쌌고 각 차사원과 부근 수령 역시 많이 와서 모였다. 이윽고 연례를 행하였다. 손님과 주인이 지형에 따라 나누어 앉았는데 각기 높이 괸 음식상을 받았다. 네 문사는 동쪽을 바라보고 줄지어 앉았다. 역시 높이 괸 음식상이 있었는데 등급에 따라 차이가 있었다.

기악을 성대히 펼치니 도내의 명기가 모두 모여 각기 기예를 떨쳤다. 경주가 최고였고 안동이 그 다음이었다. 나는 안질 때문에 먼저 돌아가고 나머지 사람들은 흥을 타 즐거움을 다하느라 새벽이 되어서야 파하였다.

연례를 행할 때 장소가 비좁아서 군관, 의원, 통역은 각기 거처에서 음식상을 받았다. 송라찰방 남범수, 소촌찰방 박사복은 모두 조양각 위에서 대면하였다. 이날도 역마를 바꾸어 나는 사근마를 탔다.

각 행차 소속과 관광하러 온 자는 합하여 만으로 헤아렸다. 복식과 기용이 신선함을 경쟁하며 자랑하고, 여악이 따라서 마음껏 펼치니 예로부터 통신사행이 매번 영천이 도회라고 일컫던 것이 까닭이 있었다. 나물과 떡을 파는 자들 역시 때를 얻었다 여겼고, 잡화를 파는 무리가 나뉘어 내와 언덕을 둘러싸고 있었으니 좋은 구경거리였다.

1764년 6월 27일 (귀로)

아침에 흐리다가 저녁에는 타는 듯이 더웠다. 아화(阿火)에서 점심을 먹고, 영천(永川)에서 묵었다. 이 날은 80리를 갔다.

○ 해 뜰 무렵 출발하여 사행의 뒤를 따라갔다. 모량(毛良)의 큰 나무 그늘 아래에서 잠시 쉬었다. 앞으로 아화에 이르려면 50리가 남았으므로 의령(宜寧)에서 지참을 내었는데, 본 현감인 서명규(徐命珪)는 오지 않았다. 경주부윤이 의령에서 지공을 하지 않을까 염려되어 어제 저녁에 지참

을 내게 하였는데, 의령에서 이미 온 것을 보고는 곧 그만두고 돌아갔다.

그때부터 영천 지경에 이르는 데까지 아무도 길을 인도하지 않았다. 고을에 이르자 어떤 마을 사람이 서기(書記)가 온 것인지 물어보고는 군수청(軍需廳)으로 인도하였다. 방과 마루에 먼지와 쓰레기가 수북이 쌓이고 마루에는 다 헤진 홑겹의 돗자리를 깔아놓았으며, 한 사람도 응접하는 사람이 없어 냉수를 구하여 입을 부셨는데 앉아있을 수가 없었다.

한 시간쯤 기다렸는데 나와보는 사람이 끝내 하나도 없어서, 마두(馬頭)를 시켜서 관리를 불렀지만, 또한 오지 않았다. 방도 오랫동안 쓰지 않아서 있을 수가 없기에 점사(店舍)에 나가서 앉아 있는데, 잠시 뒤에 사령(使令) 한 명이 그제서야 비로소 왔기에 문 밖으로 내쫓으라고 명령하였다. 한참 있다가 관리 한 명이 와서는 겉만 그럴듯한 말로 변명을 늘어놓았고, 또 조금 있다가 남사빈(南士彬)이 다시 사람을 보내어 마음을 푸시라고 청하였다 잠시 뒤에 또 사빈이 직접 와서 마음 풀기를 청하였다.

잠시 뒤에 사빈이 자리에서 일어나 고을 관아로 가더니, 잠시 뒤에 사상(使相)께서 심부름꾼을 보내어 아랫사람을 치죄(治罪)하지 말라고 하기에, '본래 한 대라도 영천 하인을 매질할 뜻은 없었다'고 회답하였다. 또 심부름꾼을 보내어 불러오라고 하시기에, 저녁이 되어 나아가니, "사처[下處]가 어떠하기에 화를 내기까지 하였으며, 또 점심 식사를 물리쳤다고 하는데 참말로 그러한가?" 하고 말씀하셨다. 그렇게 된 연유를 아뢰고 사처에서 나왔다.

영천의 물건은 먹고 싶지가 않아서, 흥복에게 "주막 주인에게 흰죽을 쑤어 가져오라"고 시켰다. 대개 사람을 이같이 대접해 놓고는 오히려 하인에게 죄를 줄 것이 염려되어 사상께 그만두게 해달라고 청하니, 참으로 내가 힘이 없어서 저들이 당연히 멸시하는 것이다. 사람을 대접하는 예(禮)와 의(義)는 중요하지 않단 말인가? 사상께서도 또한 나를 너무 몰라주신다. 점사에 전갈이 너무 많아서 홍복을 시켜 높은 언덕 위의 촌집을 구하여 자리를 옮겨 묵었다.

영천군수인 윤득성(尹得聖)이 "도해통인(渡海通引) 손성익(孫成翼)이 본래 경주에 살고 있었으므로, 여기에서 낙후한다"고 일러주었다.

28일

아침에 흐리고 저물녘에는 찌는 듯이 덥더니, 저녁에 비가 왔다. 신녕(新寧)에서 점심을 먹고 의흥에서 묵었다. 이날은 80리를 갔다.

○ 또 홍복을 시켜 흰죽을 가져오라고 해서 먹었다. '빈천한 자는 한평생 흰죽만 먹으니 청상(淸爽)하다'고 끝없이 자조하였다.

해가 뜬 뒤에 사상을 따라 떠나, 점심에 신녕에 도착하였다. 민명천(閔明川), 양선전(梁宣傳)과 함께 시냇가 정자에 앉았는데, 고을 사또인 이재관(李在寬)이 사상을 보러 왔다가 잠시 함께 앉아 이야기를 나누었다.

통인 취빈(聚彬)이 본래 영천에 살았으므로, 여기에 이르러 낙후하였다.[11] 두 벗의 편지를 받으면 즉시 답장을 써서 부치라고 시켰다.

---

11) 변탁의 『계미수사록』에서 "영천 임취빈을 소동(小童)으로 데려갔다"고 했는데, 돌아오는 길에 영천에서 사행원들과 헤어진 듯하다.

11차 성대중 『일본록』 1763년

8월 15일

50리를 가서 의흥에서 점심을 먹었다. 성주(星州)에서 지공하였다. 또 40리를 가서 신녕(新寧)에서 묵었다. 본현에서 지공하였다. 잠시 장수(長水) 우관(郵館, 역참 객사)에 갔다.

16일

새벽에 출발하여 40리를 가서 영천에 도착하였다. 본군에서 지공하였다.

영남 관찰사 김상철(金尙喆)공이 조양각(朝陽閣)에 와서 전별연(餞別宴)을 베풀었고, 개령(開寧)·안음(安陰)·칠곡(柒谷)에서 잔칫상을 나누어 준비하였으며, 안동(安東)·의성(義城)·경주(慶州) 및 본현의 기생과 악공이 모두 조양각에 모였다. 객사는 본래 넓고 탁 트인 곳으로 이름이 있었으나, 잔칫상이 사방에 우뚝 솟아 있어서 앉아 있는 사람들이 겨우 얼굴만 보였다. 네 명의 사객(詞客, 제술관과 세 서기)만 연회에 참석하였으니, 자리가 좁았기 때문이었다.

앞 두둑에서 마상재(馬上才)를 관람하는데, 구경하는 사람들이 인산인해를 이루었으니, 여러 도에서 다 몰려왔기 때문이다.

포은(圃隱, 정몽주)의 시에 차운하였다. 밤에 시온(時韞, 남옥)과 염체(廉體) 절구(絕句)를 지었다.

11차 김인겸 『일동장유가』 1763년

8월 15일

신령(新寧)으로 바로 오니,

지례현감 송맹백이 지대(支待)하러 왔다거늘,

바로 그리 찾아가니 반겨도 반겨할싸.

아침저녁 지응(支應) 범백(凡百) 다 내게 맡기면서,

"김진사(金進士) 이리 온 후 내 무슨 근심하리.

많이 드나 적게 드나 일만 아니 나게 하소."

"그러면 지례현감 내 소임(所任) 다 상환(相換)하면,

일 나나 아니 나나 내 담당하여 봄세."

저도 웃고 나도 웃고 한 데서 자자하네.

예천(醴泉)서 기생(妓生) 일로 동행을 속였으니

미인 하나 뽑아내어 깃김이나 하여 보세.

열다섯 관비(官婢) 중에 행란(杏蘭)을 불러내어

내 하처로 데려다가 가마니 여러 두고,

병방군관 왔다거늘 전갈하여 이른 말이

"거번(去番)에 속인 일은 내 잘못 하였기에

일등 기생 하나 얻어 감추어 두었으니

내 정(情)이 어떠한가? 와서 보고 데려가소."

그 말 듣고 대희(大喜)하여 달려와 "보자!"커늘

병풍을 열어놓고 불러내어 뵈고 주니

흔흔 쾌락하여 이끌고 가는구나.

8월 16일

이튿날 만나보고 흥미를 물어보니

"날 속인 분한 마음 이제는 잊었으니

이후는 앞 참(站)에 가 매양 얻어 달라" 하네.

청신(淸晨)에 말마(秣馬)하여12) 영천으로 바로 가니

읍지(邑地)도 웅장하고 안계(眼界)도 광활하다.

여기는 대도회(大都會)라 전례로 연향(宴享)하매,

감사(監司)도 친히 오고 열읍(列邑)이 많이 왔네.

조양각(朝陽閣) 높은 집에 포석(鋪席)을 장히 하고,

순사(巡使)와 삼 사신(三使臣)이 다 주워 올라앉아,

그 버거 사 문사(四文士)를 차례로 좌정(坐定)하고,

풍류(風流)를 치오면서 잔상(盞床)을 드리오니,

찬품(饌品)도 거룩하고 기구도 하도할샤.

군관(軍官)과 원역(員役)들은 이 연석(宴席)에 못 든다고,

연상(宴床)을 각각 받고 딴 좌(坐)에 앉았구나.

눈앞의 너른 들에 혁통처럼 길을 닦아,

볼품 좋은 닫는 말게 마상재(馬上才)를 시험하니,

그 중에 박성적(朴聖迪)이 좌우 칠보 날게 하고,

송장걸(宋長傑)이 등니장신 일등으로 하는구나.

사방에 관망(觀望)할 이 양식 쌓고 두루 모다,

---

12) 말마(秣馬) : 말에게 물이나 풀 따위의 먹이를 먹이는 일.

좌우에 미만(彌滿)하니 몇 만인 줄 모르괘라.

창녕(昌寧)의 관속(官屬)들이 왔다가 나를 보고,

반겨하고 뛰노는 상(像) 그려 두고 보고지고.

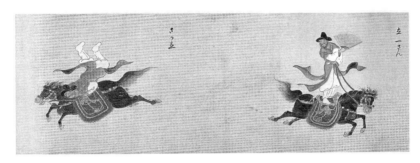

일본에서 공연하는 마상재

11차 민혜수『사록(槎錄)』1763년

8월 15일

(의흥에서) 오후에 출발하여 저녁에 신녕 객사에 도착했다. 서쪽 언덕 위에 환벽정이 있었다. 수죽과 청송이 삼면을 둘러싸고 앞에 맑은 샘이 있어 올라가 보니 맑고 깨끗하여 사랑스러웠다. 군위현감 임용이 참관으로 접대하러 왔다. 밤에 신녕현감 서회수가 만나러왔다.

16일

영천까지 40리 가서 묵었다.

새벽에 출발하여 아침 전에 영천에 닿았다. 바다를 건너갈 삼방(종사관) 소속의 통인 15인이 여기에 와서 기다리고 있었다. 새로 사라능단 옷을 입고 오리정에 나와 알현하였으니 바로 전례이다. 조양각에 도착하니 경상감사 김상철이 이미 와서 기다리고 있었다.

식후 세 사신과 감사가 함께 모였다. 청도군수 이수가 참관으로 왔다. 칠곡부사 김상훈이 감사의 지응 때문에 왔고 안동부사 김효대 공, 경주부윤 이해중 공은 연회석에 참석하기 위해 왔다. 함양부사 이수홍, 안음현감 정소검이 연회상 지응 때문에 왔다. 영천군수 윤득성이 참석해 앉았다.

조양각 대청이 매우 널찍하였으나 오히려 협소할까 걱정하여 서북과 서쪽에 보조 계단을 설치하였다. 안동, 경주 및 본군의 기악이 나란히 모였다. 사신 앞에는 각기 세 개의 큰 연회상이 차려지고 앞에는 화병이 꽃혀있으니 지극히 풍성하고 사치스러웠다. 앉아서 서로 바라보면 얼굴이 보이지 않을 정도이니 상을 얼마나 높이 괴었는지 알만하였다. 비장 이하 원역의 상이 비록 사신의 상만큼은 못하였으나 역시 격식이 있어 협상의 찬품이 모두 높이 괴여 있었으니 국내 사행 가운데 제일 큰 폐단이라 할 만하였다. 종일 음악을 연주하고 파하였다.

조양각 밖 평야에 마로(馬路)를 닦아 마상재를 시연하였다. 관광하는 남녀가 산과 들에 가득하였고 사방 이웃의 관리들이 다 모였다고 한다. 저녁 후에 동경(경주) 부윤의 거처에 가서 얘기하다가 닭이 울 때 그만두고 돌아왔다. 칠곡부사 역시 전별연을 베풀었다. 이정담 군이 연전에 이곳에 와서 우거하여 만나니 매우 기뻤다.

11차 오대령 『명사록(溟槎錄)』 1763년

8월 15일

(의흥에서 점심을 먹고) 또 40리를 가서 신녕에서 묵었다. 지례에서 출참하였다. 이어서 종사관이 분부하여 다담을 제하였다.

16일

해가 뜨자 출발하였다. 40리를 가서 영천에 도착하였다.

본도의 관찰사가 어제 저녁에 와서 기다리고 있었다. 이어서 전별연을 베풀고 기악을 크게 펼쳤다. 상탁의 풍성함, 수륙의 진미가 연로에서 제일이었다.

또 마상재를 구경하였다. 관광하는 자들이 산야에 두루 가득차 인산인해라 할 만하였다. 구례에 따르면 통신사에게 다섯 곳의 전별연이 있었으나 차차 줄어 지금은 이곳과 부산에서만 전별연을 베풀 뿐이니, 역시 말세의 일이다.

관찰사가 삼읍을 파견하여 사연을 준비하게 하여 각기 한 방씩을 담당하였다. 삼방(종사관) 일행은 칠곡이 담당하였다. 이어서 유숙하였다. 본관이 지대하였다.

1차 경섬 『해사록』 1607년

2월 3일

(영천에서) 오시에 떠나 아불역(阿佛驛)에서 점심을 먹었는데, 청도 군수(淸道郡守) 김구정(金九鼎)이 출참(出站)하였다. 송운(松雲, 사명당) 스님이 사미(沙彌)를 시켜 별장(別章)을 뒤따라 보내왔다.

경주부에 들어가니, 그때 밤이 깊었는데, 부윤(府尹) 허상(許鏛)은 병이 위독하여 나오지 못하고, 판관 박상(朴瑺)이 혼자 지대(支待)하였다.

1차 장희춘 『해동기』 1607년

2월 3일

말을 달려서 경주부(慶州府)에 이르렀다. 부윤이 인근 고을 원과 함께 주연을 베풀어 영접해 주었다. 인물이며 풍류가 모두 영남 제일의 웅도 (雄都)였다. 다음날 삼사(三使)를 따라 봉황대(鳳凰臺)에 올랐는데, 종행이 거문고, 북, 피리 등을 갖추어 따라왔다. 내가 취중에 정경염의 시에 화운하였다.

풍요로운 월성은 큰 고을인데	月城天府是雄州
신라의 의관은 한 무더기 흙뿐일세.	羅代衣冠土一丘
흥폐는 어두운 구름 그림자에 보일 뿐	興廢但看雲影暗
화려했던 모습도 물소리 좇아 부질없이 흘러갔네.	繁華空逐水聲流
가야금은 이별의 정한 일으키고	瑤琴正撥離人恨
피리도 나그네 수심 돋우네.	玉笛還挑遠客愁
천리 밖 서울 소식 끊어졌으니	千里帝鄉消息斷
석양 속 서글픔에 몇 번이나 돌아보았나.	夕陽惆悵幾回頭

2차 박재『동사일기』1617년

6월 17일

동쪽으로 6, 7리를 가서 아화역(阿火驛)에서 점심을 먹었다. 상사와 종사관은 먼저 떠나고 없었다. 상사의 지대는 청도군수(淸道郡守) 임효달(任孝達)이 맡았고, 부사 일행의 지대는 하양현감(河陽縣監) 채형(蔡亨)이 맡았다. 전 도사 정담(鄭湛)이 와서 만났는데, 원곡묘 근처에 투장(偸葬)한 자였기 때문이다. 배행 차사원 신령현감 권위(權暐)가 인사하고 돌아갔다.

미시에 경주(慶州)에 도착했다. 아화역에서 여기까지 50리이다. 상사의 지대는 본부(本府)의 부사(府使)가 맡았다. 대원군(帶原君) 윤효전(尹孝全)과 판관 허경(許鏡)이 이때 아직 임소에 도착하지 않았다. 부사의 지대를 맡은 경산현감(慶山縣監) 이변(李忭)과 종사의 지대를 맡은 흥해군수(興海郡守) 정호관(丁好寬)이 모두 와서 안부를 물었다.

18일

맑음. 군관들과 백율사(栢栗寺)를 보러갔다. 절은 경주부 북쪽 5리에 있는데 별로 볼 것이 없었다. 다만 절 뒤의 어린 소나무 한 그루가 이미 잘려나갔는데 다시 새 가지가 나는 것이 기이했다. 오후의 연향 때에 동벽의 자리는 지난번과 같았고, 부윤(府尹)과 흥해현감은 서벽에 앉았다. 연향 음식은 안동만 못했지만 기악은 더 나았고, 아백황(牙白黃)을 추었다. 제랑(諸郎)들이 또 채익(彩鷁)[1] 한 척을 관아에 가져다 두고 소

기(小妓)들에게 노 젓는 흉내를 내게 하였고, 군의 기생들이 다 같이 탕
장곡(盪漿曲)을 부르는데 그 소리가 탄식하는 듯했다.

칠작례(七酌禮)를 행한 후, 부윤이 편하게 앉아 마시기를 청했다. 군관
과 역관들 또한 주량에 따라 마시고, 두 사람이 마주보고 춤추게 했다.
잔치 후에 연이어 가마를 타고 봉황대(鳳凰臺)에 오르니, 날이 이미 어두
워져있었다. 세 줄로 기생들이 늘어서 있었고 온갖 횃불이 밝게 빛났으
며, 노랫소리는 구름도 멈출 듯 아름답고 긴 피리소리는 맑았다. 거의
이경(二更)이 되어서 기생들에게 가무를 청하게 하고 돌아왔다. 이에 율
시 한 수를 읊었다.

봉황대

---

1) 채익(彩鷁) : 화려하게 꾸민 배를 뜻한다. "익(鷁)"은 물새인데 뱃머리에 이 새를
그려 넣었으므로 배를 가리키는 말이 되었다. 전별연에서 배따라기를 부르기 때문에
통신사가 타고 갈 배를 상징하는 모형 배를 가져다 놓고 노래 부르며 춤을 추었다.

만촉(蠻觸)의 흥망성쇠 꿈 속 일이니,[2]   蠻蜀興止一夢中
나그네 와서 말없이 비껴 부는 바람에 서 있네.   客來無語立斜風
첨성대는 푸른 안개 속에 예스럽고,   瞻星臺古孤烟碧
반월성은 붉은 낙조 속에 비어있네.   半月城空落照紅
황폐한 땅에 교목은 얼마나 남겨졌나.   喬木幾多遺廢地
퇴락한 궁엔 어지러운 쑥대머리만 무수히 덮여있네. 亂蓬無數罷頹宮
지난날의 문물은 지금 어디 있는가.   昔年文物今何在
금오산 비낀 가에 물은 절로 동으로 흐르네.   鰲岀橫邊水自東
[금오산(金鰲山)은 경주부 안에 있다.]

19일

손자 윤조(胤祖)가 인사를 하고 돌아갔다. 진시(辰時) 초엽에 길을 나서, 구허역(鳩虛驛)에서 점심을 먹었다. 경주부에서 여기까지는 48리이다. 상사의 지대는 장기현감 신팽로(申彭老)가, 부사의 지대는 청하현감 이상원(李象元)이 맡았다. 지대차사원 경산현감 이변(李忭)과 인마차사원 송라찰방 김덕일(金德一)이 배행(陪行)에서 제외되어 돌아갔다.

---

2) 만촉(蠻觸)의 ~ 일이니 : 신라의 흥망 등 분분한 세상일이 모두 부질없음을 나타낸 말이다. 만촉은 달팽이의 왼쪽 더듬이에 나라를 세운 촉씨(觸氏)와 오른쪽 뿔에 나라를 세운 만씨(蠻氏)가 영토를 넓히기 위해 서로 싸운다는 우화에서 나온 말로 작은 일로 다투는 것을 비유한다. 『莊子 則陽』

3차 강홍중 『동사록』 1624년

9월 9일

아불(阿佛)에서 점심 먹었는데, 청도군수(郡守) 최시량(崔始量)과 하양
현감 이의잠(李宜潛)이 지대차 나왔다. 조전(曹輇)·조인(曹靷)·정담(鄭湛)·
박돈(朴墩)이 술을 가지고 찾아왔는데, 정(鄭)·박(朴) 두 사람은 모두 지산
서원(芝山書院)의 선비로서 지산(芝山 조호익(曹好益))에게 수업(受業)한 자
였다.

저녁에 경주(慶州)에 다다르니, 부윤(府尹) 이정신(李廷臣) 영공이 보러
왔다. 청하현감 유사경(柳思璟)·영덕현령 한여흡(韓汝瀚)·경산현령 민여
흡(閔汝欽)·흥해군수 홍우보(洪雨寶) 등이 혹은 지대차, 혹은 연수(宴需)의
보조차 왔다. 장수찰방 이대규(李大圭)·자여찰방 이정남(李挺南)은 영천
(永川)에서 배행(陪行)하고, 안기(安奇)·김천(金泉)·창락(昌樂) 등의 찰방은
물러갔다. 일행의 인마(人馬)는 이곳에서 모두 교체하였다.

저녁에 판관(判官) 안신(安伸)이 보러 왔다.

10일

경주(慶州)에서 머물렀다. 조반 후에 상사·종사와 함께 봉황대(鳳凰臺)
에 나가 구경하였다. 봉황대는 성밖 5리쯤에 있으니, 곧 산을 인력으로
만들어 대(臺)를 세운 것이다. 비록 그리 높지는 않으나 앞에 큰 평야(平野)
가 있어 안계(眼界)가 훤하게 멀리 트이었다. 이를테면 월성(月城)·첨성대
(瞻星臺)·금장대(金藏臺)·김유신 묘(金庾信墓)가 모두 한 눈에 바라보이니,

옛 일을 생각하매 감회가 새로워져 또한 그윽한 정서(情緒)를 펼 수 있다. 봉덕사(鳳德寺)의 종(鐘)이 대 아래에 있는데, 이는 신라 구도(舊都)의 물건으로 또한 고적(古跡)이다. 나라에 큰 일이 있어 군사를 출동할 때에는 이 종을 쳤다고 한다.

부윤(府尹)과 흥해(興海)·영덕(盈德) 수령이 모두 모여 주연(酒宴)을 베풀고 기악(妓樂)을 연주하는데 비바람이 휘몰아치므로 모두 거두어 관사로 돌아왔다. 생원 최동언(崔東彦)이 보러 왔다.

11일

경주에서 머물렀다. 연향을 받았는데, 부윤(府尹)과 흥해(興海) 수령도 같이 참석하였다.

경주 객사 동경관

12일

경주에서 머물렀다. 조반 후에 종사와 더불어 대청에서 활을 쏘고 있는데, 상사가 뒤쫓아 이르러 일행 군관을 두 패로 나누어 활을 쏘게 하고 승부에 의하여 상벌을 시행하였다. 저물녘에 흥해(興海) 수령이 별도로 전별연을 베풀었는데, 부윤도 참석하여 밤이 깊도록 마셨다.

13일

해가 돋은 후 일행이 모두 출발하여 동정(東亭)에 당도하니, 부윤과 흥해군수가 먼저 와서 전별연을 베풀고 기악(妓樂)을 울리며 술을 권하여 나도 모르게 만취가 되었다. 이곳은 옛날 최고운(崔孤雲)이 살던 구기(舊基)로, 얼마 전에 기자헌(奇自獻)이 집을 신축하고 영구히 거주할 계획을 하였는데, 지난봄 극형(極刑; 사형)을 받은 후에 관가(官家)에 몰수되어 손을 전별하는 장소가 되었다 한다.

구어참(仇魚站)에서 점심을 먹었는데, 영덕(盈德)·청하(淸河)의 수령이 지대차 나와 있었다.

4차 김세렴 『해사록(海槎錄)』 1636년

9월 1일

현풍의 여러 손님들이 모두 돌아가고, 외사촌 아우는 같이 갔다. 비를 맞으며 (영천에서) 떠나, 아화역(阿火驛)에서 점심을 드는데 청도군수 이갱생(李更生)이 마중 나왔다. 청하현감 송희진(宋希進)은 아직 부임하지 않고 현인(縣人)만 와서 이바지하였다. 오후에 큰비가 왔다.

50리를 가서 저녁에 경주(慶州)에 도착하였는데, 부윤(府尹) 민기(閔機)와 흥해군수 홍호(洪鎬)가 비 때문에 예를 행하지 못하였다. 내 병이 발작하였다. 종사관은 영천에서 묵는다고 하였다.

2일

최의길(崔義吉)이 아침에 영천(永川)에서 이르렀다. 종사관의 앓는 종기는 쑥뜸을 떠서 조금 나았으나, 사행(使行)을 위하여 먼저 떠나지 못하므로 달려가서 머무르도록 청하게 하였다 한다.

이날 경주에 머물렀는데, 부윤이 작은 술자리를 베풀었다. 저녁에 상사가 동헌에서 부윤을 뵈었다. 종사관이 저물어서야 이르러 이야기를 나누다가 밤이 깊어서 각기 묵는 곳으로 돌아갔다.

종사관이 '의원들이 약을 보내지 않고, 역관이 고목(告目)하지 않은 죄'를 논하려고 백사립(白士立)·한언협(韓彦協)·한상국(韓相國)을 마당에 끌어들여 곤장을 치려다가 그만두었다.

3일

경주를 떠나 봉황대(鳳凰臺)에 올라갔다. 봉황대는 홍살문 밖에 있는데 높이가 수십 길이다. 흙을 쌓아 만든 것이라 하는데, 이런 것이 성 남쪽에 거의 열 군데나 벌여 있어, 옛 도읍은 반드시 대의 남쪽에 있었음을 상상하게 된다. 반월성(半月城)이 남쪽에 있고, 김유신(金庾信)의 묘가 서쪽에 있고, 포석정(鮑石亭)·첨성대(瞻星臺)·금장대(金藏臺)가 모두 아득히 바라보인다.

신라(新羅)가 나라를 세운 지 천 년이 되었는데, 삼한(三韓)을 통합하고 한때의 문헌(文獻)이 찬연(燦然)하여 볼 만하였으나, 너무도 열심히 부처를 섬겨 절이 여염에 두루 찼으니, 어찌 애석하지 아니한가. 계림금궤의 설[鷄林金櫃之說]이 비록 국사(國史)에서 나왔으나 야인(野人)의 말이라 상고할 수 없다.

지금 나라 안의 김 성(金姓)이 거의 신라의 후예이고, 김부(金傅; 신라의 마지막 임금 경순왕(敬順王)의 이름)가 비록 항복하여 고려왕이 합병하였으나, 그 외손(外孫) 완안 아골타(完顔阿骨打)는 곧 권행(權幸; 안동 권씨의 시조)의 후예인데, 중국을 분할(分割)하여 다스리고 백 년 동안 대를 이었으니, 어찌 신명(神明)의 후예라고 말하지 않겠는가.

최고운(崔孤雲)의 상서장(上書庄)이 있던 곳을 물으니, 대답하지 못했다. 한참 있다가 출발하여 낮에 구어역(仇於驛)에 닿으니, 현풍현감 유여해(兪汝諧)·장기현감 양응함(梁應涵)이 와서 기다렸다. 현풍의 하리(下吏) 김흥룡(金興龍) 등 수십 인과 관비(官婢) 설매(雪梅) 등 수십 인이 와서 뵙고, 술과 안주를 대접했다.

이에 앞서 상사가, '현풍현감이 일본으로 데리고 갈 아이를 보내지 않으니, 이는 우리 사행을 우습게 여기는 것'이라 하여, 삼공형(三公兄; 조선

시대 각 고을의 호장(戶長)·이방(吏房)·수형리(首刑吏)의 세 관속)을 잡아오게 하였는데, 내가,

"현풍의 하인들이 모두 옛날 현감이 오는 것을 기뻐하는데, 아전들을 형신(刑訊)하여 실망시키는 것은 부당하며, 지금 현감은 곧 나와 직무를 교대한 사람입니다. 옛사람은 직무를 교대한 사람을 존중하였으니, 억누르고 욕보이는 것은 부당합니다."

하니, 상사가 웃으며 나의 말을 따랐다.

울산부사 오섬(吳暹)도 와서 기다렸고, 좌병사 허완(許完)이 사람을 보내어 문안하였는데, 나의 외당숙이다.

6차 조형 『부상일기(扶桑日記)』 1655년

5월 6일

식후에 영천을 떠나 모량(毛良)에서 점심을 먹었다. 경산현감 이휘조(李徽祚)가 참에 나왔다. 저녁에는 경주(慶州)에서 머물러 잤다. 주목(主牧) 정양필(鄭良弼), 홍해(興海) 수령 이여택(李汝澤)이 밤에 와서 뵙고 술자리를 베풀었으나 매우 지치고 피곤해서 굳게 사양하고 자리를 파했다.

7일

아침에 경주를 출발하여 구어역(仇於驛)에서 점심을 먹었다. 연일현감 이홍조(李弘祚)가 참에 나왔다.

6차 이동로 『일본기행』 1655년

5월 19일

아침에는 맑았다가 오후에는 바람이 불었다. 식후에 출발하여 아화역 (阿火驛)에서 잠시 쉬었다가 모량역(毛良驛)에서 점심을 먹었다. 지응관 자인현감 김명룡(金命龍), 장수찰방 황택(黃澤)이 나와서 대접해 주었다. 신시(申時) 끝 무렵에 경주에 도착했다. 목사 정양필(鄭良弼), 판관 이종검 (李從儉)이 종사또를 입견하였다.

20일

다시 청화탕을 복용하였다. 가랑비가 내려서 그대로 머물렀다. 목사 가 종사또에게 술자리를 베풀고 기악(妓樂)을 올렸다. 판관도 참석하였 다. 한참이 지나서 술자리가 끝났다. 판관이 우리에게도 술자리를 베풀 어 주었다. 오후에는 동료들과 함께 봉황대(鳳凰臺)에 나가 보았다.

21일

오후에는 바람이 불었다. 계속해서 청화탕을 복용하였다. 식후에 종 사또가 동헌으로 나가 목사를 찾아 만났다. 낮에 구어역(仇於驛)에 이르 러 점심을 먹었다. 판관 이종검이 나와서 대접을 한 후에 좌병사(左兵使) 박경지(朴敬祉)에게 뒤에 떨어져서 가라고 분부하고서 군관을 보내어 사 또에게 문안을 하였다.

7차 홍우재 『동사록』 1682년

5월 21일

모량역(毛良驛)에서 점심 먹었다. 대구·자인(慈仁)·청하(淸河)에서 지대했는데, 청하에서 종행인을 보내주었다. 음식이 정결하고 극히 공손을 다하였다. 낮에 경주부에 이르러 유숙했는데, 경산과 본부(本府)에서 지대했다. 본부에서 종행인을 제공했다. 소통사(小通事) 이올미(李乻味)가 와서 김애천(金愛天)의 부음(訃音)을 전하였다. 듣고 놀라 애석해 마지 않았다. 내가 믿을 만한 사람이라고는 오직 이 한 사나이뿐이었으니, 인정상 참혹하여 한 끼를 소식(蔬食)하였다.

○ 부산의 훈도(訓導)가 왜인들이 편지를 보내어 빨리 오기를 재촉한다고 사람을 보내어 알리므로, '양사(兩使)가 더위 때문에 몹시 고통을 당하여 빨리 갈 수 없다'는 뜻으로 답장을 써서 보냈다. 판사 안신휘(安愼徽)가 뒤따라 왔다. 병이 나서 뒤에 처져 있었던 까닭이다. 계축년(1673)의 접위 때에 배종리(陪從吏)였던 박처립(朴處立)이 와서 뵈었다.

22일

경주에 머물렀다.

23일

구어역(仇於驛)에서 점심 먹었다. 경주·연일·언양에서 지대했는데 경주에서 종행을 제공했다. 지대하는 바가 매우 박했다.

동래의 기별에 따라 일행이 가져가는 물건들은 차사원 장수(長水)의 역리(驛吏)인 김비(金棐)로 하여금 감독·봉인(封印)토록 하고, 잠상(潛商) 의 길을 엄하게 막았다.

7차 김지남 『동사일록』 1682년

5월 21일

(영천에서) 아침밥을 먹은 뒤에 떠나서 모량참(毛良站)에서 점심을 먹고 경주에 도착하여 잤다. 이곳이 바로 신라의 옛 도읍터인데, 사람들이 번화하고 유풍(遺風)도 많았으며, 성곽은 예와 같고 산천이 수려하니 참으로 영남의 웅부(雄府)였다. 나그네가 찾을 만한 고적(古蹟)이었다.

이 고을 원이 따로 전별하는 잔치를 열었는데, 역시 어제와 같았다. 이날 75리를 갔다.

22일

경주에 머물렀다. 안백륜(安伯倫)이 병으로 뒤에 떨어졌다가 이제야 도착했다. 이 편에 일행들은 모두 집에서 보낸 편지를 받았다. 그런데 내 집에서만 편지가 없으니 서운한 느낌을 참으로 견딜 수 없다. 옛말에, '집 편지가 만금(萬金)을 당한다.' 한 말이 바로 이것을 두고 한 말일게다.

8차 임수간 『동사일기』 1711년

5월 30일

모량역(毛良驛)에서 점심을 먹었다. 자인(慈仁) 원이 나와 대기하다가 보러 왔다. 종일 비를 무릅쓰고 갔는데 경주(慶州) 앞내[前川]가 불어 다리가 거의 끊어질 뻔 했다. 간신히 물을 건너 경주에서 자면서 남훈숙(南薰叔)을 보았는데 영외(嶺外)에서 만나 마냥 반가웠다. 하양(河陽) 김극겸(金克謙)이 나와 대기하다가 보러 왔다. 읍이 피폐하고 읍민이 잔미하여 공궤(供饋)가 형식도 갖추지 못하여서 하졸(下卒)들은 태반이 음식을 먹지 못했다.

6월 1일

경주에 묵으면서 군관들에게 활쏘기를 시켰다. 늦은 뒤에 주인이 풍악과 전송 잔치를 베풀어 봉황대(鳳凰臺)에 올랐다가 밤이 깊어서야 돌아왔다.

2일

경주(慶州)를 출발하면서 다시 봉황대에 오른 다음, 첨성대(瞻星臺)를 거쳐 구어역(仇於驛)에서 점심을 먹었는데, 자인(慈仁) 정몽해(鄭夢海)가 나와 대기하다가 보러 왔다.

8차 김현문『동사록』 1711년

5월 30일

순찰사가 영(營)으로 돌아가므로, 그 편에 집으로 편지를 부처 서울에 전하게 하였다. 새벽에 (영천에서) 떠나 모량역에 이르렀다. 대구·자인·청하 등의 고을에서 지대하였다.

점심을 먹은 뒤에 비를 맞으며 경주부에 이르렀는데, 10리 못미쳐 정사가 신라 충신 김유신(金庾信)의 묘에 들러 보았다. 해가 진 뒤에 부중(府中)에 이르렀는데, 다리 아래에 물이 크게 넘쳐 일행 가운데 물에 빠져 위험해질 뻔한 사람이 많았다. 본부와 하양에서 지대하였다.

이날은 75리를 갔다.

6월 1일

새벽에 망궐례를 행하였다. 경주부에 머물렀는데, 부윤 남지훈(南至熏) 영공이 전별연을 베풀어 종일 술을 마시고 즐겼다.

밤에 남문 밖 봉황대(鳳凰臺)에 올라 성안을 내려다보았는데, 집집마다 불을 밝혔다. 정월 대보름에 관등(觀燈)을 하더라도 어찌 이보다 더하랴. 이것도 고을의 풍속이라 한다.

2일

새벽에 정사를 모시고 잠시 금학헌(琴鶴軒)에 들어갔다가, 또 봉황대에 올라 두루 바라본 뒤에 그대로 떠났다.

9차 홍치중 『해사일록』 1719년

4월 25일

아침에는 맑았다가 저녁에는 비가 내렸다. 영천에 머물렀다.

먼저 경주로 향하는 부사를 전송하였다. 베개와 이불을 조양각(朝陽閣)으로 옮겼다.

26일

아침에 흐림. 경주에 도착함.

일찍 출발하여 구화(仇火)에서 말에게 꼴을 먹였다. 경주에 5리 못 미쳐서 소나기가 갑자기 쏟아지는 바람에 빨리 말을 몰아 관아로 들어갔다. 일행 중 옷이 젖지 않은 이가 없었다. 부사와 이야기를 나누다가 고을 수령이 왔기에 만나보았다. 영천의 사군(使君)3) 또한 차원(差員)으로 뒤따라 왔다. 주인이 밤에 잔치를 베풀어 주어서 닭이 울고서야 끝이 났다.

이 날은 70리를 갔다.

---

3) 사군(使君) : 임금의 명령을 받들고 나라 밖으로나 지방에 온 사신(使臣)의 경칭. 여기에서는 영천군수를 가리킨다.

27일

일찍 출발해서 금학헌(琴鶴軒)에 이르러 고을 부윤 및 영천군수와 작별했다. 구어역(仇於驛)에서 말에게 꼴을 먹였다. 접위관(接慰官) 최군서(崔君瑞)가 마침 일을 끝내고 서울로 돌아가는 길이었는데, 이런 여행길에서 만나고보니 놀랍고도 기뻐서 마치 꿈속 일만 같았다. 그 가는 편에 편지를 부쳤으니 아이들에게 내 소식을 전하는 것이었다.

10차 홍경해『수사일록』1747년

12월 13일

안강촌(安康村)에서 점심을 먹고 경주(慶州)에서 머물렀다. 총 100리를 갔다.【날이 밝기 전에 출발해 길을 돌아가서 옥산서원(玉山書院)에 도착하였다. 옥산서원은 회재(晦齋) 이언적(李彦迪) 선생을 모신 곳이다. 바위에 세심대(洗心臺), 용추(龍湫) 등의 글자가 새겨져 있다고 하는데 바로 퇴계(退溪) 선생의 필적이다. 시냇가에 있는 정자의 주인은 바로 회재 선생의 서후손[庶裔]인데, 그 정자는 선생께서 부모님을 모시고 뜻을 기른 곳이다.】

14일

구어역(九於驛)에서 점심을 먹고 울산(蔚山)에서 머물렀다. 총 90리를 갔다.【먼저 출발하여 봉황대(鳳凰臺)에 올랐다가 계림(鷄林)과 첨성대(瞻星臺), 반월성(半月城), 석빙고(石氷庫)를 둘러보고 울산에 도착했다.】

11차 조엄 『해사일기』 1763년

8월 17일

경주에 닿았다.

낮에 모량역(毛良驛)에서 쉬는데, 영일현감 조경보(趙慶輔)·하양현감 이귀영(李龜永)·청도군수 이수(李)가 보러 왔다.

저녁에 경주에 들어가니, 고을 원 이해중(李海重)이 안동(安東) 시관(試官)이 되어 고을에 있지 않으므로, 섭섭하였다. 영장(營將) 홍관해(洪觀海)가 들어와 뵈었다.

이날은 80리를 갔다.

김유신 묘

11차 남옥『일관기·일관시초』 1763년

8월 17일

추분이다. 다시 관찰사를 만나 작별하였다. 정오에 모량역에 머물렀으니 경주 땅이다. 대구에서 지공했다. 포시[오후 4시경] 경주에 들어갔다. 산천이 빼어나고 밝으며 풍기가 광막하여 천년 고도임을 알 만했다. 각간 김유신의 묘에 들러 절하였다. 하마릉이라 하는데, 산만큼 높아 완연히 기련산을 본 뜬 것이다. 난간석 40여 주로 둘려있었다. 왼쪽에 짧은 비갈이 세워져있었는데, 부윤 남지훈이 기록한 것이다. 경주부 관아 일승정을 보니 넓고 아름다워 관아 가운데 으뜸이 될 만하였다. 본부에서 지공하였다.

이날 80리를 갔다.

11차 원중거 『승사록』 1763년

8월 17일

아침에 흐렸다가 저녁에 갬. 모량에서 점심 먹다. 50리. 경주에서 묵다. 30리. 이날 80리를 갔다.

새벽에 출발하였다. 길가에 앉아 두 친구를 기다렸다가 모량까지 동행하였다. 밀양에서 지공하였다. 또 앞서 행렬이 경주 10리에 못 미쳐 김각간묘에 올라가 재배를 행하였다. 무덤을 언덕처럼 쌓았고 둘러싼 돌과 난간석이 34개였다. 구석에 비갈이 있었는데 앞에는 "신라태대각각김공유신묘"라고 씌어있고 뒤에는 소기가 있었다. 남지훈이 경주부윤 시절 지은 것이다.

왼편 계곡에 암자가 있어, 네 승려가 거처하고 있었다. 한식과 주석에 관아에서 묘제를 행하고 서원은 경주부 서쪽에 있다고 한다. 경주부에 들어가 밤에 객사에 들었다. 장수, 송라 두 찰방을 차례로 만났다. 경산이 지응하였다.

1764년 6월 27일(귀로)

아침에 흐리다가 저녁에는 타는 듯이 더웠다. 아화(阿火)에서 점심을 먹고, 영천(永川)에서 묵었다. 이 날은 80리를 갔다.

○ 해 뜰 무렵 출발하여 사행의 뒤를 따라갔다. 모량(毛良)의 큰 나무 그늘 아래에서 잠시 쉬었다. 앞으로 아화에 이르려면 50리가 남았으므로 의령(宜寧)에서 지참을 내었는데, 본 현감인 서명규(徐命珪)는 오지 않았

11차 민혜수 『사록(槎錄)』1763년

8월 17일

맑음. 모량까지 60리 가서 점심 먹음. 경주까지 20리 가서 묵음.

새벽에 출발하였다. 모량역에서 점심을 먹었다. 대구판관 이성진(李成鎭)이 판관으로서 휴가를 받아 상경했으므로 지대하러 오지 않았다. 신시 후에 경주에 도착했다. 곧바로 관아에 들어가 윤수백(尹綏伯)을 만났다.

밤에 맹기온과 인사를 나누었다. 장청(將廳)에서 노기(老妓) 영매(英梅)에게 가야금을 연주하게 하고 비점(比點), 조창적에게 노래하게 하였다. 비점은 병사 조덕중 씨가 수십년 기른 자로, 늙어서 본토에 돌아왔는데 평소 여협(女俠)이라 일컬어진다. 지금 보니 정신과 기골이 있어 명성은 헛되이 얻는 것이 아니라 할 만하였다.

영장 홍관해가 만나러 나왔다. 경산현감 서유경, 하양현감 이귀응이 참관으로 왔다.

11차 오대령 『명사록(溟槎錄)』 1763년

8월 17일

아침에 잠깐 흐림. 새벽에 출발하였다. 40리를 가서 모량원에 도착해 점심을 먹었다. 영천에서 지응하였다.

또 40리를 가서 경주에 도착했다. 옛 도읍의 남은 터전이 눈 닿은 곳마다 여전하였다. 산수가 밝고 인물이 풍성하여 여전히 그 당시를 상상하게 하여 모르는 사이 후세의 탄식이 일었다. (경주에) 머물러 잤다. 본관에서 지응하였다.

일본 필담집에 실린 오대령 초상

해제

해사록(海槎錄)

부사 김성일

　김성일(金誠一, 1538~1593)의 본관은 의성(義城), 자는 사순(士純), 호는 학봉(鶴峯)이다. 퇴계 이황의 문인으로, 1568년 증광문과에 병과로 급제하고, 그 뒤 정자·검열 등을 역임하였다.

　1590년 부사가 되어 정사 황윤길, 서장관 허성과 함께 통신사로 임명되어, 수행원 200여명을 거느리고 오사카로 가서 도요토미 히데요시(豊臣秀吉)를 만났다.

　1591년 봄에 돌아와 국정을 보고할 때 서인(西人)에 속했던 황윤길이 일본의 내침을 예측하고 대비책을 강구했던 것과 달리 동인(東人)에 속했던 김성일은 도요토미 히데요시의 인물됨이 보잘것없어 외침의 기색을 보지 못했다고 엇갈리게 주장하였다.

　그 해 대사성이 되어 승문원 부제조를 겸했고, 1592년 형조참의를 거쳐 경상우도 병마절도사로 재직하던 중 임진왜란이 일어나자, 이전의 보고에 대한 책임으로 파직되었다. 서울로 소환되던 중, 허물을 씻고 공을 세울 수 있는 기회를 줄 것을 간청하는 유성룡 등의 변호로 직산(稷山)에서 경상우도초유사로 임명되어 다시 경상도로 향하였다.

　의병장 곽재우를 도와 의병활동을 고무하였고, 함양·산음(山陰)·단성·삼가(三嘉)·거창·합천 등지를 돌며 의병을 규합하였으며, 각 고을에 소모관(召募官)을 보내 의병을 모았다. 8월 경상좌도관찰사에 임명되었다가 곧 우도관찰사로 다시 돌아와 의병 규합과 군량미 확보에 전념하였다. 또한 진주목사 김시민으로 하여금 의병장들과 협력하여 왜군의 침입으로부터 진주성을 보전하게 하였다. 1593년 경상우도순찰사를 겸해 도내 각 고을에 왜군에 대한 항전을 독려하다 병사하였다.

일본 사행을 기록한『해사록』은 모두 5권으로 구성되어 있는데, 1권에서 3권까지는 시, 4권에는 서간(書簡)과「설변지(說辨志)」, 5권에는 김성일의 행장이 부록으로 실려 있다.

시는 주로 여행지의 지리·풍물 등을 형용하였거나 친구들과 송별한 시, 사신 일행 또는 일본 측 접반사들과 화답하거나 차운한 시이다.

편지는 조선 측 정사와 일본 측 접반사인 게이테쓰 겐소(景轍玄蘇), 야나가와 시게노부(柳川調信) 및 쓰시마 도주 소 요시토시(宗義智) 등에게 보내는 것들이다. 특히 세 사신이 일본인을 접촉하는 예절에 있어서 의견이 달라 서로 논쟁한 내용이 주고받은 편지에 드러나 있다.

이 외에도 야나가와 시게노부가 음악을 청한 데 대해 김성일이 쓴 설(說)과 입도(入都)·출도(出都) 때의 변(辨), 그리고 일본인의 예단지(禮單志)에 대한 변론 등이 담겨 있다.

己丑秋八月廟朝議將通信日本偶占一律是冬乃膺副价之招命進思亟
作實詩識此人生初止堂備載書卷首以志云
日域千年地三韓一行良颿濤使大信生死付高昊海若清前道爲哉
殿陛慶捿在□□首爲□是通津
三月初五日丙子　賜酒詶逢
聖主恩念遠行宣呼使价進天逢春光作向杯中瀲日色偏臨陟上期
手奉之函辭北闕極身随漢節指東溟小臣慇懃涓滴此去猶知
聖命輕
次許書狀韻
神系三月動行孤王季闊心玄意輕攏樹初經寒食雨　天恩許近永
嘉樽丈夫志節元
日斯征

학봉종가 소장 『해사록』

해사록(海槎錄)

부사 경섬

경섬(慶暹, 1562~1620)의 본관은 청주(淸州), 자는 퇴부(退夫), 호는 삼휴자(三休子)·석촌(石村)·칠송(七松)이다. 1590년 증광문과에 병과로 급제하였다. 1594년 홍문관 정자를 제수받았다. 1598년 진주사(陳奏使)의 정사인 최천건을 따라 서장관(書狀官)으로 명나라에 다녀왔다. 그 뒤 사헌부의 지평과 사간원 헌납 등을 역임하였다. 학문이 뛰어나 삼사의 요직을 두루 거치고 부제학과 호조참판에 이르렀다.

1606년 도쿠가와 이에야스(德川家康)가 임진왜란 중 왕릉을 파헤친 범릉적(犯陵賊) 2명을 조선에 넘기며 화친할 것을 요청하자, 조정에서 1607년에 양국의 우호를 다지고 임진왜란과 정유재란 때 잡혀간 피로인(被擄人)을 데려오기 위해 회답겸쇄환사(回答兼刷還使)로 여우길을, 부사로 경섬을 임명하였다. 임진왜란 후 첫 번째 사절로 일본에 건너가 포로 1,340명을 데리고 돌아왔는데, 쓰시마 도주 소 요시토시(宗義智)의 가신(家臣)인 다치바나 도모마사(橘智正, 井手彌六左衛門)가 호행(護行)하였다.

이때 지은 『해사록(海槎錄)』은 2권 1책으로 『해행총재(海行摠載)』에 실려 있다. 상권에는 1월 12일 사명(使命)을 받고 대궐에 나아가 하직하던 일부터 5월 29일 일본 에도에 머문 기사까지 약 5개월 동안의 일이 수록되었다. 하권에는 6월 1일 일본 관백(關白)에게 조선의 국서를 전하는 의식을 논하던 일부터 7월 17일 귀국하여 복명하던 일까지 약 3개월 동안의 일이 수록되었다.

일기가 끝난 뒤에는 일본에 관한 총론을 덧붙여 그곳의 지형, 역사, 전제(田制), 관제(官制), 예절, 풍속 등을 개설하였다. 이어서 「회답겸쇄환사동사원역록(回答兼刷還使同槎員役錄)」을 붙였다. 1,418명의 포로를 쇄환한 전말이 잘 기록되어 있다.

海行總載卷之

庚七松海槎錄上

萬曆三十五年丁未正月小

十二日丙子晴平明詣 闕拜辭 命賜酒 賜馬

裝發過西郊每一部令掌務譯官持書契往候江頭已

時崇行飲餞於都門外乘夜投宿於漢江村金專輔

德丞文及搢紳初追來共宿有後隨行

朝鮮國王奉復日本國王殿下文隣有道目

古而然二百年來海波不揚何莫非 天朝之賜

而敝邦亦何負於貴國也哉壬辰之変無故動兵

해동기(海東記)

종사관 장희춘

  장희춘(蔣希春, 1556~1618)의 본관은 아산(牙山), 자는 인경(仁敬), 호는
성재(誠齋)이다.

  1592년에 왜적이 침범해 올 것이라는 소문이 돌자, 뜻을 같이하는 윤흥
명·이응춘 등과 무룡산에서 보국진충의 결의를 다지고 경주 의병장 이언
춘에게 협력을 요청하는 등 유사시에 대비하였다. 같은 해 4월 임진왜란
이 일어나자 울산 기박산(旗朴山)에서 박봉수·이경연 등 여러 의사와 더
불어 의병을 일으켰다. 이후 좌병영에 주둔한 적을 물리치고 이어 울산의
개운포, 경주의 선도산, 영천의 창암 등지로 달려가 여러 의사와 함께
초기 경주와 울산 지역 방어에 크게 기여하였다.

  1594년 일본의 장군 가토 기요마사(加藤淸正)가 울산 서생포(西生浦)에
주둔하며 화친을 청할 때, 이겸수와 함께 가토 기요마사의 부장 기하치
로(喜八郞)에게 접근하여 적의 진위를 파악하였다. 이때 세운 공으로 정
주판관을 지냈다.

  왜정(倭情)에 능통하고 조정의 신뢰가 높아 전쟁이 마무리될 때까지
왜군과의 교섭을 맡거나 적정을 탐색하였다. 특히 정유재란 때 경상도
지역의 왜성을 중심으로 한 왜군 진영의 정세를 탐색하는데 커다란 공
을 세웠다.

  1598년 가을에 전란이 수습되자 훈련원 판관에 제수되었고, 1607년

형조정랑을 지냈다. 이때 쇄환사(刷還使) 여우길을 따라 종사관으로 일본을 다녀왔다. 이때 기록한 『해동기(海東記)』는 1607년 정월 15일부터 7월 17일 복명할 때까지의 기록으로, 일본의 국도·성씨·인성·풍속·음악·음식·의복·관구(冠屨)·주택·계전(計田)·명목(名目)·형벌·습전(習戰) 등이 상세히 기록되어 있어 당시 일본의 사회상을 엿볼 수 있는 자료이다.

장희춘의 실기(實記)인 『성재실기(誠齋實紀)』 제2권 「잡저(雜著)」에 수록되어 있다.

誠齋實紀卷之二

雜著

海東記上

皇明萬曆丙午秋對馬島主平義智使其管下橘智

正賚書納欵於　朝廷曰往昔寵眂此歲關白平秀

吉素是村野鄙夫卒得重權恃其富強之勢不思交

鄰之義敢敓射天之計妄肆蜂蠆之毒驅脅諸將窮

兵黷武樹怨於鄰國貽禍於

塵萬姓塗炭此實　大邦萬世難雪之讐也固知不

可與同天地共日月者西鄭今天狹遠及平賊遄死

동사일기(東槎日記)

박재(朴榟, 1564~1622)의 본관은 고령(高靈), 자는 자정(子貞). 박대용(朴大容)의 아들이며, 판서 박건(朴楗)의 아우이다.

1602년 별시문과에 을과로 급제하였으며, 1606년 감찰, 이듬해 공조좌랑이 되었다. 1612년 사헌부 지평, 이듬해 사헌부 장령이 되었다. 1614년에는 사헌부 집의가 되어 세자시강원 필선(世子侍講院弼善)을 겸하였다. 1615년 홍문관 부응교에 이어 사간이 되었으며, 김제남(金悌男)의 옥사(獄事)를 다스린 공으로 궁자(弓子) 1정(丁)을 하사받았다.

1617년 정사 오윤겸·종사관 이경직과 함께 회답겸쇄환사(回答兼刷還使)의 부사가 되어 사행원 400여 명을 이끌고 일본에 가서 도쿠가와 이에야스(德川家康)의 오사카 평정을 축하하고 임진왜란과 정유재란 때 잡혀간 피로인(被虜人) 수백 명을 이끌고 돌아왔다.

박재의 『동사일기』는 사행일기와 문견록(聞見錄)으로 구성되어 있다.

사행일기는 사신 일행이 대궐에 나아가 하직한 5월 28일부터 시작하여 복명하고 충주에 돌아온 11월 16일까지 6개월간의 사실들을 기록하고 있다. 다른 사행일기들에 비해 간략한 편이며 시문 위주로 되어 있는데 사행 중 차운한 시문 총 100여 수를 일기 부분에 기술하였다는 것이 특징이다.

문견록은 17항목으로 구분된다. 이 가운데 앞의 13항목은 각각 '국도·

252 조선통신사 사행록에 나타난 경북

산천·시정·성지(城池)·궁실·풍속·관복·음식 찬물(饌物)·부역·형벌·
상장(喪葬)·혼인·절일(節日)'이라는 제목이 붙어 있고, 뒤의 4항목은 제
목 없이 행을 바꾸어 '지방, 관제, 과일, 천황'을 언급하고 있다.

東槎日記

歲萬曆四十四年某月日

朝廷以日本關伯蕩滅豐賊恩修舊好使對馬島持書契以通

廟堂特　稟差回答使兼刷還被虜人口事丁巳正月二十七

七日差上使及從事官累月遷延未差副使同年三月十三

除拜之奇同月二十一日乘船二十五日入城翌日　肅拜自

始為差出樺自丙辰七月退居忠原之墓下四月十八日始聞

上命賜節鉞又令退定行期初擇於五月初一日退於十二日以

拜

表又退於同月二十八日是日歸

朝回答魚刷還上使僉知知製教衛兵曹參議吳允謙

호를 붙여『동명해사록(東溟海槎錄)』이라고 칭한다. 8월 11일 대궐로 나아가 숙배한 일부터 이듬해 3월 9일 복명하고 집으로 돌아오기까지 연월일의 순서에 따라 하루도 빠짐없이 기록하였다.

거쳐 간 지방에서 보고 들은 지형, 풍속, 왕래한 인물과 대화 내용, 각지의 지응(支應), 상사(上使)의 고시(告示), 주고받은 예물, 쓰시마 도주의 요청과 그에 따른 응대, 그 지방의 관련 역사 등이 기재되어 있다.

부산을 떠나 에도에 이르기까지는 매일 기록의 말미에 그날 거쳐간 지명과 이정(里程)을 적어 놓았다.

부록인「문견잡록(聞見雜錄)」에는 국서 개서와 통신사를 청하게 된 연유, 막부장군 가문의 내력, 일본의 지리·물산·의복·예절·풍속·심성·궁실·관제·전토·군액 등 다양한 사항을 기술하였다. 말미에 사신단 일행의 부서·관직·성명을 기록하였다.

金東溟海槎錄

崇禎九年丙子八月十一日壬午晴

曉詣 關與從事官入坐依幕上使坐通化門内部

將廳金堂令書判府判簽同知義禁金徽吳修撰濰

閔参判贄李知㕣俞彌善僉李修撰褊南司書䚄

朱此南議政孫頗敎李晦

命堂臨于司饔院仍各 賜虎皮一令油席二事蕭拜

弓矢各一部胡椒五升扇一封臘藥九種退出上使

往部將廳軍官受節鉞書吏受馬牌出往南關王廟

俱送人問之日出

부상일기(扶桑日記)

정사 조형

조형(趙珩, 1606~1679)의 본관은 풍양(豊壤)이고, 자는 군헌(君獻), 호는 취병(翠屛)·창주(滄洲)이다. 병조정랑·이조참의 등을 역임하였다.

1655년 관백 도쿠가와 이에미쓰(德川家光)가 죽고 그 아들 도쿠가와 이에쓰나(德川家綱)가 그 자리에 올라 통신사를 요청하자, 같은 해 6월에 정사가 되어 부사 유창 종사관 남용익 등과 함께 일본에 다녀왔다.

사행기록『부상일기(扶桑日記)』는 1권 1책으로 국내 연구자 임장혁에게 원본이 소장되어 있고, 미국 하버드대학 옌칭도서관에 근대에 들어 일본인이 필사했던 필사본이 소장되어 있다.

사행일기와 시문으로 구성되어 있는데, 사행일기는 1655년 4월 20일 출발부터 이듬해 2월 1일 돌아오는 길에 쓰시마 조주인(長壽院)에 도착하기까지 매일 기술하였으며 사행과정이 비교적 상세하게 서술되어 있다. 시문은 저자가 일본에서 창화하면서 지은 시 6편을 수록한 것이며 문견록은 없다.

1711년 사행의 정사인 조태억이 일본에 갈 적에 이 책을 가지고 다니면서 보았다고 한다. 그가 우시마도(牛窓)의 배 안에서 쓴 발문이 권말에 붙어 있다.

乙未四月□日東槎日記

四月小

二十日申戌晴辭　朝後仍渡漢津申汝萬李子範
李咸卿洪大而金仲文洪遠伯睦行之益平尉南
朝端金君玉洪仲一尹汝玉兄弟朴汝道金久之
李長卿李一卿李蒡能李李夏洪君實崔遂金萬
均金連諸人同來叙別臨夕行到良才投宿羅于
天金久之朴世柱持酒秉夜來訪察訪趙丕顯亦
嗣酌

二十一日乙亥晴

부상록(扶桑錄)

남용익

　남용익(南龍翼, 1628~1692)의 본관은 의령(宜寧), 자는 운경(雲卿), 호는 호곡(壺谷)이다. 1646년에 진사가 되었고, 1648년 정시문과에 병과로 급제한 뒤, 시강원 설서·홍문관 부수찬 등의 요직을 두루 역임하였다.

　1655년 6월 종사관(從事官)이 되어 정사 조형·부사 유창 등 통신사 일행과 함께 도쿠가와 이에쓰나(德川家綱)의 습직을 축하하기 위해 일본을 방문하였다. 사행 중 수많은 일본문사들과 교유하였고, 이때 주고받은 시문과 필담 등이 사행록과 필담창화집으로 남아 있다. 필담창화집 가운데 하나로『한사증답일록(韓使贈答日錄)』이 있는데, 10월 2일부터 11월 1일까지에도 혼세이지(本誓寺)에서 묵으면서 일본 문사들과 주고받은 시문과 필담 등이 수록되어 있다.

　1656년 독서당 호당(湖堂)에 들어갔고, 문신중시에 장원하여 당상관으로 진급하였다. 대사성을 거쳐 여러 참판을 지냈으며, 경상감사로 나갔다가 형조판서에 올랐다. 1689년 소의 장씨(昭儀張氏)가 왕자를 낳아 숙종이 그를 원자로 삼으려 하자 반대하다가 함경도 명천으로 유배되었다. 문장에 능하고 글씨에도 뛰어났다.

　남용익은 일본에서의 견문을『문견별록(聞見別錄)』과『부상록(扶桑錄)』으로 남겼다.

　『부상록』은 상·하권 1책으로 구성되어 있으며,『해행총재』에 실려 있다. 상권에는 송시열이 쓴 서문을 비롯하여 사절의 좌차(座次) 및 명단을 적은 좌목(座目)·원역명수(員役名數), 일본에 가지고 간 서계와 예단의 수량을 적은 재거물건(賷去物件) 및 해신에게 제사지낼 때 읽던 제해신축(祭海神祝)과 일본에서 공급받은 식료품의 수량을 적은 하정물목(下程物目) 등이 수록되어 있다.

그 뒤부터는 「부상일록(扶桑日錄)」이라는 제목 하에 날짜 별로 시(詩)와 문(文)이 기록되어 있다. 상권에는 4월 20일 대궐을 하직한 일로부터 9월 11일 오사카의 요도우라(淀浦)에 도착한 일까지 기록되어 있고, 하권에는 9월 12일 교토에 도착한 일로부터 이듬해 2월 12일 복명하기까지의 일이 기록되어 있으며, 그 말미에는 회답서계(回答書契)가 수록되어 있다.

古華書後發而先至者驥之行也然其至也亦有遠

有萬里者馬以至於流沙之

而先發則其所之勢又何可

發云者非必驥之而顧而為

山說者特以廣大老大無成者之意介歷觀前哲凡

人之至於遠者未有不始於旱而積累培壅之

多故其成於晚者終至於極而後已也其或旱焉而

일본기행(日本紀行)

자제군관 이동로

이동로(李東老, 1625~?)의 본관은 전주, 자는 공망(公望)이다. 1649년 무과에서 장원급제하였다.

1655년 통신사가 도쿠가와 이에쓰나(德川家綱)의 습직을 축하하기 위해 일본을 방문하였을 때, 군관(軍官)으로 일본에 다녀왔다. 『부상록(扶桑錄)』에는 종사관 남용익의 군관으로 되어 있다.

『일본기행』은 1권 1책 필사본이 일본 덴리대학(天理大學)에 소장되어 있다. 「사행원역(使行員役)」·「사행일기(使行日記)」·「일본기(日本記)」·「노정기(路程記)」 등으로 구성되어 있다.

사행일기는 1655년 4월 20일 출발부터 이듬해 2월 10일 부산에 도착할 때까지 매일 기록되어 있고, 「일본기」는 관백(關白)의 승습(承襲)에 관해 간략히 기술한 것이다. 늘 종사관과 함께 행동하는 것을 보면 이동로가 종사관 남용익의 자제군관임이 분명하다.

동사록(東槎錄)

수역(首譯) 홍우재

　홍우재(洪禹載, 1644~?)의 본관은 남양(南陽), 자는 정서(廷瑞). 역관 홍희남(洪喜男)의 손자이다. 1666년 28세 때 식년시 역과에 합격하였고, 왜학(倭學)을 전공하여 사역원 교회(敎誨)와 동지(同知)를 지냈다.

　1682년 정사 윤지완·부사 이언강·종사관 박경후 등 통신사 일행이 도쿠가와 쓰나요시(德川綱吉)의 습직을 축하하기 위해 일본을 방문하였을 때, 당상역관(堂上譯官)으로서 종사관을 배종하였다.

　『동사록(東槎錄)』은 1권으로 구성된 일기체 형식의 사행록인데, 『해행총재』에 실려 있다. 홍우재가 통신사 수행의 임무를 수행하게 된 1682년 5월 4일부터 같은 해 11월 14일 임무를 마치고 무사히 귀경할 때까지 7개월간에 걸쳐 매일 일어난 일을 기록해 놓은 기행문 형식의 일기체다.

　내용은 일본에서 견문한 일본의 풍속·인물·풍물 등 당시의 일본 습속 및 정세의 일면을 싣고 있다. 특히 쓰시마 도주의 내방에 대한 영접례 절차, 에도(江戶)에서 사신이 관백(關白)의 사절과 회담할 때의 복잡한 예절 절차, 왜관을 중심으로 한 양국 사이의 교역에 대한 논의와 그 결정된 내용 등이 자세히 기록되어 있다.

　저자는 사신을 대신해 왜인과 직접 실무 교섭을 하면서 뒤에 올 사행에게 도움이 될 것을 염두에 두고 실무적인 내용을 중심으로 기록하였으며, 문학적인 내용은 거의 없다.

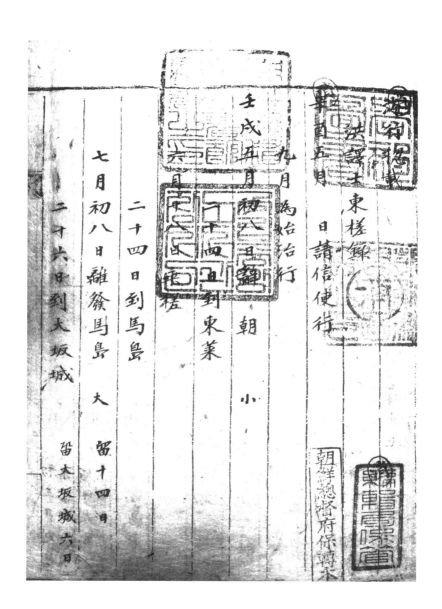

七月初八日離發馬島　大　留十四日　　　二十六日到大坂城　　留大坂城六日

二十四日到馬島

壬戌五月初八日　　到東萊

九月為始行

朝　小

東萊縣　　日　請信使行

동사일록(東槎日錄)

한학역관(漢學譯官) 김지남

　김지남(金指南, 1654~?)은 역관으로 본관은 우봉(牛峰), 자는 계명(季明), 호는 광천(廣川)이다. 8차 사행에 『동사록(東槎錄)』을 기록한 역관 김현문의 아버지이자, 『증정교린지(增訂交隣志)』를 편찬한 역관 김건서의 증조부이다. 1671년 역과에 급제하였고, 사역원 정(正)·지중추부사 등을 지냈다.

　1682년 통신사가 도쿠가와 쓰나요시(德川綱吉)의 습직을 축하하기 위해 일본을 방문하였을 때, 한학통사(漢學通事)로서 제일선(第一船)의 복선(卜船)을 타고 일본에 다녀왔다.

　1714년 문사(文詞)와 중국어에 능해 역관으로 사신을 수행하면서 중국과 일본에서 보고들은 사실들을 참고하여 사대와 교린의 외교에 관한 연혁·역사·행사·제도 등을 체계화한 『통문관지(通文館志)』를 아들 김경문(金慶門)과 함께 편찬하였다.

　『동사일록(東槎日錄)』은 불분권(不分卷) 1책. 필사본으로 『해행총재』에 실려 있다. 1682년 5월부터 11월까지 7개월간의 사행 기록이며, 내용은 서(序), 473명의 사행 명단, 가지고 간 물건의 명세, 일기, 일본왕환총목(日本往還總目), 그리고 제주에 표류한 중국 사람에게 실정을 물은 수본(手本) 및 생존자와 이미 사망한 사람의 명단 등으로 구성되어 있다.

　도쿠가와 쓰나요시에게 보내는 대군전국서(大君前國書)가 '가지고 간

해제　269

물건 명세[賷去物件]' 첫머리에 수록되어 있고, 내용 중 일기는 주로 일본의 산천·지리·명승·고적·사찰 등을 서술하였다.

海行摠載

金譯十東槎錄序

東槎錄

日錄

朝鮮總督府保管本

乘槎御命爰啓玉節之行佐幕剡名必審珠履之選

非浮海可得人哉斯正其何遜之逸才遂膺記室辟

以阮通之神鋒丕許辟官恭惟我朝之成規與

隣國互通信苟非聘之義敦好未修茲為敎專

价之書懇邀甲至當玄黙閹茂之歲備朱衣象笏之

班随三星而出疆豈有可憐之色望九天而辭陛

難堪使訣之懷逾鳥嶺之重關漢都云邐歷鷄林之

동사록(東槎錄)

정사 조태억

조태억(趙泰億, 1675~1728)의 본관은 양주(楊州), 자는 대년(大年), 호는 겸재(謙齋)·평천(平泉)·태록당(胎祿堂). 최석정(崔錫鼎)의 문인이다. 1693년 진사가 되었고, 1702년 식년문과에 을과로 급제, 지평·정언 등을 지냈다. 1707년 문과중시에 병과로 급제하고, 1708년 우부승지, 1710년 대사성에 올랐다.

1711년 통신정사가 되어 부사 임수간·종사관 이방언 등 통신사 일행과 함께 도쿠가와 이에노부(德川家宣)의 습직을 축하하기 위해 일본에 다녀왔다. 조태억은 통신사 일행이 묵고 있는 에도 히가시혼간지(東本願寺)에서 당시 쇼군(將軍)의 정치 고문으로서 내정과 외교의 대개혁을 주도하고 대조선외교에 있어서도 쇄신을 실행하고 있던 아라이 하쿠세키(新井白石)를 만나 필담을 나누고, 이 필담을 『강관필담(江關筆談)』으로 엮었다. 조태억의 『강관필담』은 아라이 하쿠세키의 『좌간필어(坐間筆語)』와 임수간(任守幹)의 『동사일기(東槎日記)』에도 수록되어 있으나, 내용에는 약간의 차이가 있다.

1712년 귀국 후 쓰시마 도주의 간계에 속아 일본에서 가지고 온 국서(國書)가 격식에 어긋났다는 이유로 임수간·이방언과 함께 관작이 삭탈되고 문외출송(門外黜送)되었다가 이듬해 풀려났다.

1720년 다시 경상도관찰사로, 형조판서 를 거쳐 1722년 대제학이 되었으며, 1724년 호조판서에 올랐다. 1725년 삭출(削黜)되었다가 1727년 정미환국으로 좌의정으로 복귀하였다. 시호는 문충(文忠)이며, 초서와 예서를 잘 썼고 영모(翎毛)를 잘 그렸다.

「동사록(東槎錄)」은 그의 문집 『겸재집(謙齋集)』 권6에 실려 있는 시문집으로, 사행 도중 지은 시들로 구성되어 있다. 그 밖에도 일본인에게 지어준 명(銘)과 찬(贊) 등이 수록되어 있다.

海槎錄卷之六

源貴藏日本關白源家宣新立請遣通信使制

通計之余叼正使任學士 同譽爲副使李

將卽 美伯爲從事官辛卯五月十五日辭

朝七月初五日自釜山開洋十月十八日抵江

戶十一月十九日自江戶離發壬辰二月二十

五日自對馬島之佐須浦泰浦釜山之籠臺

浦承拿問之命三月初九日入京莞理同月二

十五日蒙削黜之命遂屛去籠山江村自發行

통신사」에서는 조선후기 통신사행의 역사를 약술한 다음, 1711년 사행에 대해서는 조정에서의 논의 등을 상세하게 기술해 놓았다. 또한 돌아오는 길에 아카마가세키(赤間關)에 체재하던 중 나가사키에서 에도로 가던 네덜란드인 5명을 만나 대화하게 되었는데, 그들과의 대화 내용과 그들의 인상·무역·물산 등에 관해 기술해 놓았다.

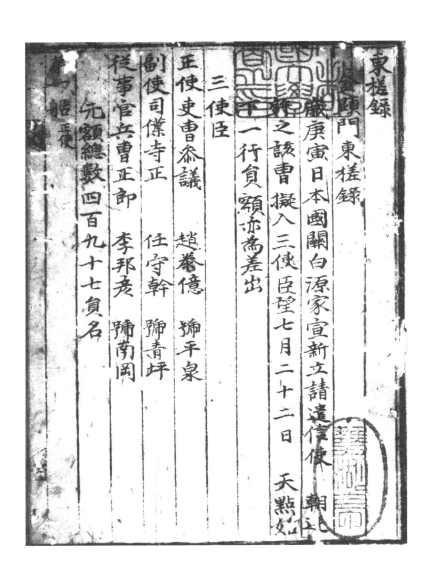

東槎錄

金顯門 東槎錄

庚寅日本國關白源家宣新立請遣信使 朝廷
之議曹擬八三使臣望七月二十二日 天點如

三使臣
一行員額亦為差出

正使吏曹參議　趙曮億　號平泉

副使司僕寺正　任守幹　號青坪

從事官兵曹正郎　李邦彥　號南岡

元額總數四百九十七員名

　船正使

해사일록(海槎日錄)

정사 홍치중

홍치중(洪致中, 1667~1732)의 본관은 남양(南陽), 자는 사능(士能), 호는 북곡(北谷). 민정중(閔鼎重)의 문인이다. 1699년 사마시에 합격하고, 1706년 정시문과에 병과로 급제해 검열이 되었다. 지평·헌납·교리 등을 지내다가, 1712년 북평사(北評使)로 차출되어 백두산정계비를 세우는 데 참여하였다. 이어 대사간과 승지 등을 역임하고 경상도와 전라도 관찰사를 지냈다.

1719년 도쿠가와 이에노부(德川家宣)가 사망하고 그의 아들 도쿠가와 이에쓰구(德川家繼)가 그 자리를 계승하였으나 얼마 안 되어 죽고 아들이 없으므로 종실(宗室) 기이노카미(紀伊守) 도쿠가와 요시무네(德川吉宗)가 대신 그 자리에 올라 통신사를 요청하였기 때문에 홍치중이 정사가 되어 부사 황선·종사관 이명언 등과 함께 요시무네의 습직을 축하하기 위해 일본에 다녀왔다. 사행 당시 호조참의였다.

사행 이후 1719년 이조참판이 되었고, 영조 즉위 후 예조판서로 발탁, 1726년 우의정에 올랐고, 탕평을 추구하는 왕으로부터는 신임이 두터워 좌의정·영의정으로 승진하였다. 시호는 충간(忠簡)이다.

상당수의 사행록이 국내에 소장된 『해행총재』에 실려 전하는 것과는 달리, 홍치중의 『해사일록』은 국내에 이본이 없고 일본 교토대학에 필사본이 유일하다. 표제에 '동사록(東槎錄)'이라고 쓰여 있어서 홍치중의 사

행록이『동사록(東槎錄)』이라는 제목으로도 알려졌지만, '동사록(東槎錄)'
은 김현문의『동사록(東槎錄)』(1711), 홍치중의『해사일록』(1719), 정후교
의『부상기행(扶桑紀行)』(1719), 조명채의『일본일기(日本日記)』(1748)가 함
께 실려 있는 총서의 제목이다. 홍치중의『해사일록』(1719) 상권은 표지에
'東槎錄 樂', 하권은 '東槎錄 射'라고 썼으니, 김현문의『동사록』(1711)
표지에 '예(禮)'라고 쓴『동사록(東槎錄)』총서의 한 부분임이 확실하다.

　『해사일록』의 체재는 사행일기 외에 사행원역(使行員役)이 있고 문견
록은 없다. 사행일기는 1719년 4월 11일 출발부터 이듬해 1월 6일 쓰시
마 출발까지 매일 기록되어 있는데, 오사카 · 왜경(倭京) · 에도 등지에서
의 견문과 감상이 풍부하게 수록되어 있다. 에도에서의 전명의식(傳命儀
式)이 정사의 기록답게 아주 상세하게 묘사되어 있다.

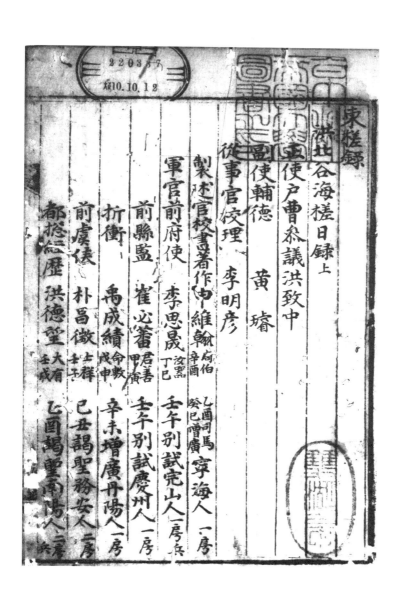

東槎錄

洪比谷海槎日錄上

正使戶曹參議洪致中

副使輔德　黃璿

從事官校理　李明彦

製述官校書著作申維翰　耐伯
辛酉

軍官前府使　李思晟　丁巳　壬午別試慶州人一房

前縣監　崔必蕃　君善甲寅　壬午別試慶州人一房

折衝　禹成績　命敷戊申　辛未增廣丹陽人一房

前虞侯　朴昌徽　上祥辛未　己丑謁聖務安人二房

都摠歷　洪德望　大宥壬戌　乙酉謁聖南陽人二房

부상록(扶桑錄)

군관 김흡

　김흡(金潝, ?~?)의 생애는 미상이다. 비변사(備邊司) 낭청(郎廳)을 지냈다.
1719년 통신사가 도쿠가와 요시무네(德川吉宗)의 습직을 축하하기 위해
일본을 방문하였을 때, 군관(軍官)으로서 종사관 이명언을 배행하였다.
　사행기록『부상록(扶桑錄)』은 2권 1책으로 필사본이 국립중앙도서관에
소장되어 있다. 체재는 사행일기 외에 사행원역(使行員役)과 본인의 서문
이 있고 문견록은 없다. 사행일기는 1719년 4월 19일 출발부터 9월 27일
에도 도착까지 매일 기술되어 있다. 에도 도착까지만 기술되어 있을 뿐
에도에서의 전명의식(傳命儀式)이 서술되어 있지 않고 회정기(回程記)도
없다.
　김흡은 자작시보다는 중국인의 시를 인용하여 자신의 정서를 대신 그
려냈으며, 일본 지명에 관하여 한문을 쓰고 그 옆에 국문으로 일본식
발음을 붙여 놓은 것이 특징이다

扶桑錄上

亥四月十一日癸丑晴日东...

부상기행(扶桑紀行)

자제군관 정후교

정후교(鄭後僑, 1675~1755)의 본관은 하동(河東), 자는 혜경(惠卿), 호는 국당(菊塘). 찰방·동지중추부사(同知中樞府事) 등을 지냈다.

1719년 통신사가 도쿠가와 요시무네(德川吉宗)의 습직을 축하하기 위해 일본을 방문하였을 때, 부사 황선의 자제군관(子弟軍官)으로 수행하였다. 부사가 탄 제이기선(第二騎船) 안에서 서기 성몽량(成夢良)과 함께 연구(聯句)로 오언배율 20운(韻)을 지어 시명(詩名)을 떨쳤다.

같은 해 8월 초부터 18일까지 통신사 일행이 풍랑으로 인해 아이노시마(藍島)에 머물고 있을 때, 정후교는 제술관 신유한, 서기 장응두·성몽량, 양의(良醫) 권도, 의원 백흥전·김광사 등과 함께 오노 도케이(小野東溪)와 만나 시와 서신 등을 주고받았고, 그 시문이 『남도고취(藍島鼓吹)』에 수록되어 있다.

1727년 황선이 경상도관찰사로 부임할 때 그 막좌(幕佐)가 되었다.

『부상기행(扶桑紀行)』은 2권 1책으로 필사본이 일본 교토대학에 소장되어 있다. 체재는 상권에 사행일기, 하권에 저자가 사행 중에 지은 시문을 수록하고 있다. 사행일기는 1719년 4월 19일 출발부터 이듬해 정월 쓰시마 출발까지 기술하였는데, 매일 적은 것이 아니고 필요할 때만 기술하였다. 권말에 간단한 문견록이 기술되어 있다. 일본의 풍경 묘사와 풍속 소개 등 기행록의 성격이 많이 보인다.

해사일기(海槎日記)

정사 조엄

  조엄(趙曮, 1719~1777)의 본관은 풍양(豊壤), 자는 명서(明瑞), 호는 영
호(永湖)·제곡(濟谷). 1738년 생원시에 합격하고, 1752년 정시문과에 을
과로 급제하여, 지평·수찬·교리·공조판서·동래부사 등을 지냈다.

  1758년 동래부사로 재임할 때, 매년 왜인에게 주는 공목(公木)이 점차
전과 같지 않아 매번 왜인이 검사하여 규격에 맞지 않는다고 수납하지
않고 반환하는 지경에 이르고, 이 일로 인해 공목을 바칠 때마다 각 읍이
그 괴로움을 감당하지 못하자, 700동의 공목 내에 400동은 돈으로 환산,
각 고을로 하여금 무명 1필에 대한 대납전(代納錢)으로 2냥 3전씩 바치게
하여 각 고을의 부담을 경감시켜 주었다.

  1763년 정사가 되어 부사 이인배·종사관 김상익 등과 함께 도쿠가와
이에하루(德川家治)의 습직을 축하하기 위해 일본에 다녀왔다. 사행 중 아
사쿠사(淺草) 히가시혼간지(東本願寺)에서 하야시 호코쿠(林鳳谷, 林信言)·
하야시 류탄(林龍潭, 林信愛) 등과 시를 주고받았고, 그 시가 『한관창화(韓
館唱和)』에 수록되어 있다.

  사행을 마치고 돌아올 때 쓰시마에서 고구마 종자를 가지고 와 그 보장
법(保藏法)과 재배법을 아울러 보급, 구황식물로 널리 이용하게 하였다.

  1764년 사행에서 돌아온 뒤에 대사간에 제수되었고, 1770년 평양감사
로 파견되어 감영의 오래된 공채(公債) 30여 만 냥을 일시에 징수하는 등

적폐를 해소하였다. 그러나 재산을 탐하고 백성을 괴롭히는 대표적인 부패 관리로 지목되어 평안도 위원(渭原)으로 유배되었고, 이후 아들 진관(鎭寬)의 호소로 김해로 옮겨졌으나, 실의와 불만 끝에 이듬해 병사하였다.

『해사일기(海槎日記)』는 총 5권으로 이루어져 있으며『해행총재』에 실려 있다. 1763년 8월부터 이듬해 7월까지 1년여의 기록인데, 「일기」·「수창록(酬唱錄)」·「서계(書契) 및 예단(禮單)」·「저들과 주고 받은 글[與彼人往復文字]」·「장계(狀啓) 및 연화(筵話)」·「제문(祭文)」·「원역(員役)을 효유한 글 및 금약조(禁約條)」·「일공(日供)」·「사행 명단 및 노정기(路程記)」·「일본통신사의 행차에서의 제반 군령[日本通信使行次諸般軍令]」 등으로 구분할 수 있다.

「수창록」은 저자의 시를 비롯하여 부사·종사관·제술관·서기·군관(軍官)의 시와 이들과 화답한 시 300여 수를 수록했으며, 대부분 경치의 완상, 도학적 정신을 내용으로 하고 있다. 「서계 및 예단」은 조선국왕이 일본대군(日本大君)에게 보낸 서계와 일본관백(日本關白)이 조선국왕에게 회답한 글 등 14통, 양국 간에 주고받았던 공사예단(公私禮單)의 품목과 수량, 그리고 사행 및 수행원에게 나누어준 명세서로 되어 있다. 왜인과 주고받은 글은 조선 사행이 일본에 체재하는 동안 주로 쓰시마 도주 등과 주고받은 필담이다. 「연화」는 귀국 후 연석(筵席)에서 사행을 비롯해 군신 간에 있었던 대화이다. 「제문」은 해신(海神)·선신(船神)에 대한 제사와 최천종 제사 때의 글이다.

그리고 원역에게 효유한 글 10조, 금약조(禁約條) 15조, 일본에서 우리 사행에게 공급하던 물목 및 그 수량, 사행 명단 및 노정기의 군령(軍令)이나 열선도(列船圖), 배의 방위를 표시한 행로방위(行路方位) 등이 수록되어 있다.

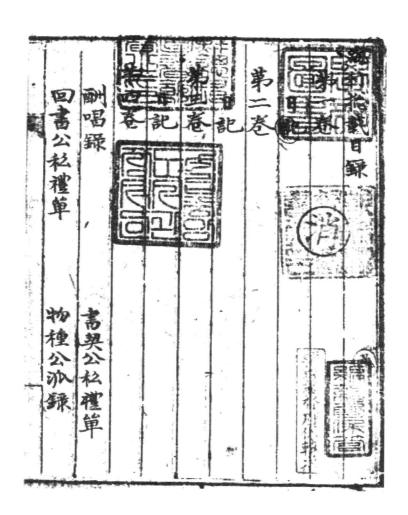

일관기(日觀記) · 일관시초(日觀詩草)

제술관 남옥

남옥(南玉, 1722~1770)의 본관은 의령(宜寧), 자는 시온(時韞), 호는 추월(秋月). 1753년 계유정시문과(癸酉庭試文科)에 병과 4등으로 합격하였다. 1762년 조재호의 옥사에 연루되어 유배되었으나, 그 해 8월에 좌의정 홍봉한의 주청으로 유배에서 풀려났다.

1763년 통신사가 도쿠가와 이에하루(德川家治)의 습직을 축하하기 위해 일본을 방문하였을 때, 제술관으로서 사행에 참여하였다. 1764년 귀국 후 일본에서의 견문을 기록한 사행록『일관기(日觀記)』와 수많은 일본문사들에게 화답한 시를 모은『일관창수(日觀唱酬)』 및 사행 중 사행원들과 수창한 시들을 정리하여 엮은『일관시초(日觀詩草)』 등 방대한 저술을 남겼다.

사행에서 돌아온 직후 수안군수에 임명되었다. 1770년 최익남의 옥사 때 이봉환과 친하다고 하여 투옥되어 5일 만에 매를 맞아 죽었다. 김창흡과 육유(陸游)의 시풍을 추종하였고 서정성이 강한 시를 지었다.

『일관기』는 8권 4책으로, 필사본이다. 춘(春)·하(夏)·추(秋)·동(冬) 총 4책 8권으로 구성되어 있다.

제1권에는 사례(事例)·원액(員額)·반전(盤纏)·복정(卜定)·마문(馬文)·사연(賜宴)·서계식(書契式)·전명식(傳命式)·수회답식(受回答式)·연향(宴享)·치제(致祭)·문안·여마(輿馬)·마도예사(馬島例賜)·좌목(座目) 등 사행의 구

倭三寸圖會自叙其風俗乃取申叔舟海外諸國記

以爲最詳而又取明人五雜組之說曰天下外夷之

國莫禮義於朝鮮莫悍於難距莫醇於琉球莫富於

真臘莫狡於倭奴倭俗之狡倭亦自知也

倭國地形如人在側其首張兩脚而立肥前其右對

也長門其左對也陸奧出羽其首也東武其頸也大

坂尻臀間也南北七百里東西四千里而十里剛敵

我國八里曾聞其幅圓闊於我國而別親經歷乃知

其不然但地少巨山深水自攝津至三河平原沃野

승사록(乘槎錄)

서기 원중거

원중거(元重擧, 1719~1790)의 본관은 원주(原州), 자는 자재(子才), 호는 현천(玄川)·물천(勿川)·손암(遜菴). 1705년 사마시(司馬試)에 급제하였고, 장흥고(長興庫) 봉사(奉使)를 맡았다.

1763년 통신사가 도쿠가와 이에하루(德川家治)의 습직을 축하하기 위해 일본을 방문하였을 때 서기(書記)로 발탁되어 일본에 다녀왔다. 사행하는 동안 일본 문사들과 교유하는 한편 그들과 시문을 주고받고 필담을 나누었다. 사행의 경험을 바탕으로 일기 형식의 사행록인『승사록(乘槎錄)』과 일본 문화 전반에 대해 상세히 기술한『화국지(和國志)』를 저술하였다.

1771년에 송라찰방을, 1776년에는 장원서(掌苑署) 주부(主簿)를 지냈고, 뒤에 목천현감을 지냈다. 1789년 이덕무·박제가 등과 함께『해동읍지(海東邑誌)』편찬에 참여하였다.

『승사록』은 일기 형식의 사행록으로, 3권 4책이다. 1763년 7월 24일 영조(英祖)를 배알한 일을 시작으로 하되, 사행이 실질적으로 이루어진 1763년 8월 3일부터 사행을 마치고 복명(復命)한 1764년 7월 8일까지의 사행의 공식적 일정을 모두 기록하였다.

제1권에는 한양에서 부산을 거쳐 쓰시마를 경유해 시모노세키(下關)에 이르는 동안의 여정의 일들을 기록하였고, 제2권에는 시모노세키를 출발해 에도에 도착한 후 전명의식(傳命儀式)을 마치기까지의 여정의 일들을 기록하였다. 제3권에는 회정록(回程錄)이라는 부제로 전명의식을 마치고 돌아오는 여정의 일들을 기록하였다. 일본의 정치·경제·사회·역사·지리·학문·인물 등은 물론 가옥·항만·선박 등에 이르기까지 일본의 문화와 문물 전반에 걸쳐 다양한 내용이 수록되어 있다. 특히 제3권에는 최천종(崔天宗) 살인사건과 관련하여 매우 상세한 기록이 남아 있다. 고려대학교 중앙도서관 육당문고(六堂文庫)에 소장되어 있다.

일동장유가(日東壯遊歌)

서기 김인겸

김인겸(金仁謙, 1707~1772)의 본관은 안동(安東). 자는 사안(士安), 호는 퇴석(退石). 김상헌(金尙憲)의 현손으로,1753년 47세 때 사마시에 합격하여 진사가 되었다. 문벌이 훌륭한 집안에 태어났지만, 그의 할아버지인 김수능(金壽能)이 서출이라 과거에 급제하고도 현감에 그쳤다. 1763년 정사 조엄(趙曮)·부사 이인배(李仁培)·종사관 김상익(金相翊) 등 통신사 일행이 도쿠가와 이에하루(德川家治)의 습직(襲職)을 축하하기 위해 일본을 방문하였을 때, 종사관서기(從事官書記)로서 사행에 참여하였다. 1764년 일본에 다녀오면서 장편가사 형식의 기행문『일동장유가(日東壯遊歌)』를 지었다.

『일동장유가(日東壯遊歌)』는 40여종의 통신사 사행록 가운데 유일한 국문본으로, 총 7,160여 행 3,500여 구에 달하는 장편기행가사이다. 사행가사(使行歌辭)의 범주에 드는 대표적인 작품인데, 이본에 따라 분량이나 가사가 조금씩 다르다. 1763년 통신사의 종사관서기로 사행에 참여하였던 김인겸이 8월 3일 한양을 출발한 때부터 그 이듬해 7월 8일 복명할 때까지 약 11개월 동안의 여정과 견문을 기록하였다. 일본으로 떠나는 과정과 도착 과정, 일본과의 외교관계, 일본의 인물·풍속·문물 등을 추보식 구성으로 실감나게 기록하였다.

강직한 선비의 기개와 비판의식이 넘쳐 있으면서도, 해학성이 가장 뛰어난 사행록이다. 수청 들 기생을 물색하는 동료들을 골탕먹이는 장

허경진

1952년 피난지 목포 양동에서 태어났다. 연민선생이 문천(文泉)이라는 호를 지어 주셨다.
1974년 연세대 국문과를 졸업하면서 시 〈요나서〉로 연세문화상을 받았다. 1984년에 연세대 대학
원에서 연민선생의 지도를 받아 『허균 시 연구』로 문학박사학위를 받고, 목원대 국어교육과를
거쳐 연세대 국문과 교수로 재직중이다. 열상고전연구회 회장, 서울시 문화재위원 등으로 활동하
고 있다.
『허난설헌시집』, 『허균시선』을 비롯한 한국의 한시 총서 50권, 『허균평전』, 『사대부 소대헌 호연
재 부부의 한평생』, 『중인』 등을 비롯한 저서 10권, 『삼국유사』, 『서유견문』, 『매천야록』, 『손암
정약전 시문집』 등의 역서 10권이 있으며, 요즘은 조선통신사 문학과 수신사, 표류기 등을 연구하
고 있다.

영천과 조선통신사 자료총서 5

조선통신사 사행록에 나타난 경북

2018년 4월 24일 초판 1쇄 펴냄

엮은이 허경진
펴낸이 김흥국
펴낸곳 도서출판 보고사

책임편집 이순민
표지디자인 오동준

등록 1990년 12월 13일 제6-0429호
주소 경기도 파주시 회동길 337-15 2층
전화 031-955-9797(대표)
　　　 02-922-5120~1(편집), 02-922-2246(영업)
팩스 02-922-6990
메일 kanapub3@naver.com / bogosabooks@naver.com
http://www.bogosabooks.co.kr

ISBN 979-11-5516-793-9　93910
ⓒ 허경진, 2018

정가 20,000원